대림의 조직문화와 인사시스템

서울대학교 경영연구소
기업경영사연구총서 34

대림의 조직문화와 인사시스템

펴낸곳 서울대학교출판문화원
펴낸이 오연천
지은이 김성수

초판 1쇄 인쇄 2013년 2월 25일
초판 1쇄 발행 2013년 2월 28일
출판등록 제15-3호

주소 151-742 서울 관악구 관악로 1
대표전화 02-880-5252 **팩스** 02-888-4148
마케팅팀(주문상담) 02-889-4424, 02-880-7995
이메일 snubook@snu.ac.kr
홈페이지 www.snupress.com
영문홈페이지 eng.snupress.com

ISBN 978-89-521-1436-5 94320
세트 978-89-521-1016-9

서울대학교 경영연구소 기업경영사연구총서 34

대림의 조직문화와 인사시스템

김성수

서울대학교출판문화원

Organizational Culture and Human Resource System of Daelim

Seongsu Kim

Seoul National University Press

머리말

1939년에 설립되어 올해로서 75년의 역사를 자랑하는 대림그룹은 한국 경제의 발전역사에서 중요한 역할을 수행해온 기업이다. 본서는 세계적인 경쟁력을 가진 대림그룹의 지나온 발자취, 성과, 조직문화 및 인사시스템을 자세히 소개하고 있다.

대림그룹은 건설 및 석유화학 전문 기업으로서 13개 관계사와 교육 및 문화기관으로 이뤄져 있다. 장수기업으로 유명한 대림그룹은 75년의 긴 역사 속에 한국의 경제성장에 크게 기여해왔다. 특히 대림그룹의 관계사 중에서 대림산업은 건설사로는 유일하게 1955년부터 58년간 한국의 100대 기업에 선정된 바 있다. 대한민국의 기나긴 건설 역사의 흐름과 함께하면서 대림산업은 한국의 주요 고속도로에서부터 서울지하철, 포항제철, 세종문화회관, 국회의사당, 잠실 올림픽 주 경기장, 독립기념관, 청계천, 광화문 광장까지 한국을 대표하는 인프라와 건축물의 시공을 맡아서 수행해왔다.

이로써 대림산업은 대한민국 건설의 역사를 쓴 건설업계의 대표 주자로 자리매김하였다. 그리고 한국뿐만 아니라 전세계 24개국에 진출하여 공사 수행 경험도 가진 국제적 건설기업(global contractor)로서 대한민국의 건설 기술을 세계로 알리는 데에도 앞장서고 있다.

본서는 서울대학교 경영대학 MBA과정에서 학생들에게 경영사례로 교육하기 위해 만들어졌다. 대림그룹의 인재관리 전략에 관심이 있는 사람이라면 누구라도 본서를 통해 어떻게 대림그룹이 인재를 관리하고 있는가를 배울 수 있을 것이다. 본서의 저술을 위해 대림그룹은 적극적으로 자료를 제공해주었다. 일반적으로 기업은 내부의 사정이 외부에 공개되는 것을 꺼려하는 편인데, 대림그룹은 이를 마다하지 않고 본서의 저술에 내부의 자료를 적극 공개해주었다. 이는 앞으로 한국 경제를 짊어지고 나갈 젊은 이들에게 도움을 주기 위함이었고 또 본서의 내용에 혹시라도 오류가 포함되지 않게 하기 위해 대림그룹의 관계자들은 내용을 일일이 점검해주기도 하였다.

본서는 본인의 단독 저술로 되어 있지만 대림그룹이 함께 저술했다고 해도 무방할 만큼 대림그룹은 적극적으로 참여해주었다. 이 점에 있어서 이 책은 대림그룹이 한국 사회에 선사하는 하나의 사회공헌이라 해도 무방할 정도라고 생각된다. 이 자리를 빌어서 대림그룹에 감사를 드린다.

마지막으로 본서의 정리와 저술을 위해 커다란 도움을 준 최진 석사에게 깊은 감사의 뜻을 표한다. 본서가 대림그룹과 관련 사업영역에 관심 있는 모든 분들에게 자그마한 도움이라도 되기를 바라면서 이만 맺고자 한다.

2013. 2

눈 덮인 관악산을 바라보며

저자 김성수

차례

제Ⅲ장 대림의 조직문화

제Ⅳ장 대림의 인사시스템

제V장 대림의 미래

그림차례

표차례

제 I 장

대림그룹의 발자취

1 대림그룹 소개 및 사업 분야

1) 대림그룹과 현재의 성과

대림그룹은 1939년에 설립된 건설 및 석유화학 전문 기업으로서 13개 관계사와 교육 및 문화기관으로 이뤄져 있다. 장수기업으로 유명한 대림그룹은 73년의 긴 역사를 자랑하고 있으며, 특히 그룹사 중에서 대림산업은 건설사로는 유일하게 1955년부터 58년간 한국의 100대 기업에 선정된 바 있다. 대한민국의 기나긴 건설 역사의 흐름과 함께하면서 대림산업은 한국의 주요 고속도로에서부터 서울지하철, 포항제철, 세종문화회관, 국회의사당, 잠실 올림픽주경기장, 독립기념관, 한국은행, 청계천, 광화문 광장까지 한국을 대표하는 인프라와 건축물의 시공을 맡아서 수행해왔다. 이로써 대림산업은 대

〈그림 I-1〉 대림그룹의 주요 재무지표

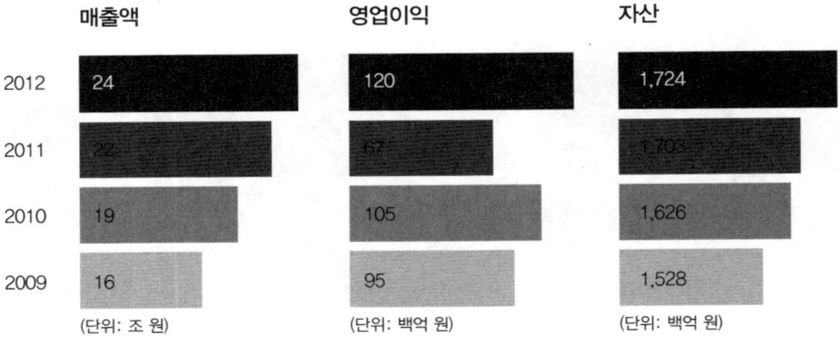

한민국 건설의 역사를 쓴 건설업계의 대표 주자로 자리매김하였다. 그리고 한국뿐만 아니라 전세계 24개국에 진출하여 공사 수행 경험도 가진 국제적 건설기업(global contractor)로서 대한민국의 건설 기술을 세계로 알리는 데에도 앞장서고 있다.

지난 4년간(2009년부터 2012년 현재까지)의 조직의 성과를 확인할 수 있는 지표들을 살펴보았을 때, 대림그룹은 꾸준한 매출액 상승세와 더불어 영업이익도 증가하는 추세에 있다(그림 I-1). 또한, 대림은 나날이 증대되는 기업의 사회적 책임을 다하기 위해서 2008년부터 CSR(Corporate Social Responsibility, 기업의 사회적 책임) 위원회를 설립하여 사회와 더불어 동반성장을 가능하게 하는 지속가능경영을 실천하고 있다. 이를 위해 대림에서는 경영에 직접 이해관계자들을 참여시킴과 동시에 지속가능경영을 위한 경영 방향을 꾸준히 논의하기 위해 다양한 커뮤니케이션 채널도 마련하고 있다(표 I-1). 이러한 지속가능경영을 위한 노력을 통해서 대림은 불확실한 대외 환경에 적절하게 대응할 수 있었고, 2011년 기준 수주 10조 원을 돌파하는 쾌거를 이루는 것과 같은 뚜렷한 경영성과를 창출해낼 수 있었다. 더불어 영업이익 5,803억 원을 달성하고, 환경적인 측면에서는 온실가스 배출량을 감소하는 등 여러 방면에서 주목할 만한 성과를 보여주었다.

이러한 대림의 경제적·사회적 성과는 신성장 동력을 발굴하기 위해 과감

〈표 I-1〉 대림의 이해관계자와 커뮤니케이션 채널

이해관계자	커뮤니케이션 채널
고객	대림산업홈페이지(사이버신문고) e-편한 세상 고객컨텍센터 Orange Service 고객만족도 평가 주부자문위원 온라인 커뮤니티
주주 및 투자자	주주총회 대림산업 홈페이지(IR문의) 기업설명회 전자공시시스템(DART) 사업보고서, Annual Report
협력사	어깨동무 SCMS(협력사) 우수 협력업체 시상 협력업체 간담회 D&P 협의회
임직원	한숲방송 한숲톡톡 한숲발언대 한숲협의회 한숲동호회 고충처리방
지역사회	대립산업 홈페이지 사회공헌 활동 — 행복나눔, 문화나눔, 사랑나눔, 소망나눔, 맑음나눔 자선바자회 및 자매결연
공공부문	산업간담회 법률 공청회 건설협의회(대건협, 한건협 등) 정부과제/컨퍼런스 참여

히 투자를 단행하는 부단한 노력이 있었기 때문이다(그림 I-2). 대림은 기술도

〈그림 I-2〉 대림의 기술개발투자 금액 추이

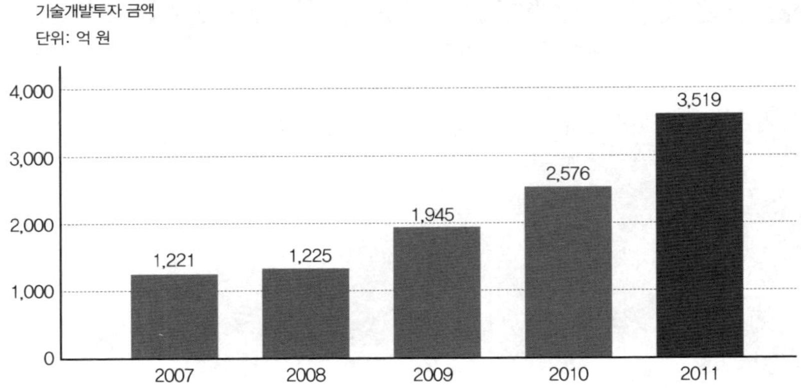

하나의 상품으로 보고 개발된 기술을 상용화할 수 있는 기술상품 개발에 주력하고 있으며, 앞선 기술력을 바탕으로 고객에게 더 큰 가치를 제공하기 위해서 끊임없이 노력하고 있다. 이러한 노력의 예로 대림산업은 1980년 건설업계 최초로 기술연구소를 설립하여 기술개발을 실행에 옮겼으며, 신성장 동력 발굴과 더불어 고부가가치 해외시장 개척을 목표로 삼고, 에너지 발전사업과 발전소 건설 및 운영에까지 사업영역을 확장하고 있다. 또한, 저탄소 녹색성장이라는 새로운 시대적 요구에 부응하기 위해서 친환경 국책과제인 GTL(Gas to Liquid, 가스합성연료)과 CCS(Carbon Capture & Storage, 이산화탄소 포집 및 저장기술) 기술 개발을 수행함과 동시에 국내외 해상풍력 프로젝트에도 진출하려 하고 있다. 이러한 대림의 꾸준한 기술 개발과 이를 통해 새로운 경쟁우위(competitive advantage)를 창출하려는 노력을 통해 성장세를 유지하고 있다고 볼 수 있다.

2) 대림그룹의 사업분야

국내 재계 22위를 차지하고 있는 대림그룹을 자세히 살펴보면 대림산업주축으로 하여, 총 13개 관계사와 교육 및 문화기관으로 이뤄져 있음을 알 수

〈그림 I-3〉 대림그룹의 계열사

있다(그림 I-3). 주력사업인 건설(대림산업 건설사업부, 삼호, 고려개발)과 석유화학 부문(대림산업 석유화학사업부, 여천NCC, 폴리미래, KRCC(케이알코폴리머))뿐만 아니라, 제조와 물류(대림코퍼레이션, 대림C&S, 대림자동차공업), 정보통신(대림I&S), 레저(오라관광), 교육과 문화(대림문화재단, 대림미술관, 학교법인 대림학원)에 이르기까지 다양한 계열사들을 통해, 대림그룹은 사람들의 일상에 깊게 파고들어 큰 영향력을 주고 있다. 이러한 관계 속에서 대림은 최고의 가치를 고객에게 제공함으로써 그들이 더 나은 삶을 이룰 수 있게 하는 기업의 이념을 지켜나가고 있다.

대림산업은 1939년에 설립되어 73년의 역사를 자랑하는 국내 최장수 건설사로서, 건설 부문과 석유화학 사업 부문으로 나뉘어 총 13개사로 운영되고 있는 대림그룹의 모기업이다. 대림산업의 건설사업부(그림 I-5)는 플랜트, 토목, 건축 부문을 담당하면서 국내의 주요 국가기반사업을 여러 차례 수행하였으며, 소비자들에게 잘 알려진 'e편한세상'이라는 최초의 아파트 브랜드를 개발하여 국내 건설업계에서 독보적인 존재로 자리매김하고 있다. 이러한 실적을 바탕으로 대림산업은 2010년부터 꾸준히 수주와 매출, 영업이익에서 상승세를 이어가고 있으며(그림 I-6), 2012년에는 수주 실적이 14조 원, 매출액은 8조 원, 영업이익은 6,100억 원으로 전년과 비교하여 더욱더 가파르게 성장할 것으로 전망하고 있다. 또한 1966년에 최초로 해외시장인 베트남

〈그림 I-4〉 대림산업 건설사업부 조직도

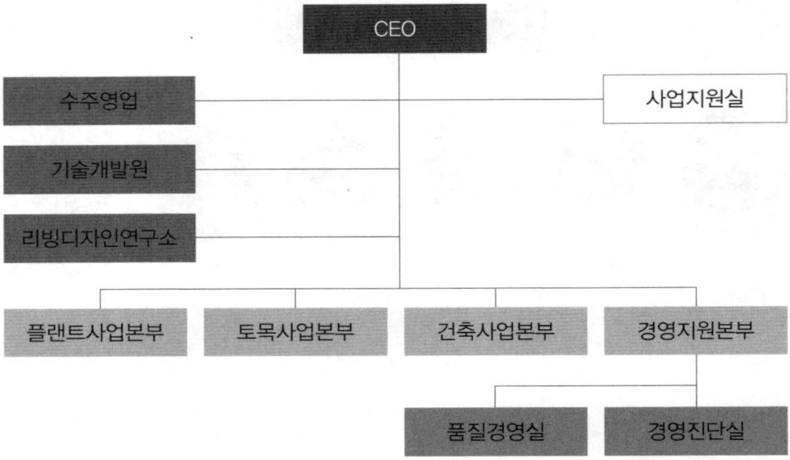

〈그림 I-5〉 대림산업의 주요 재무성과 지표

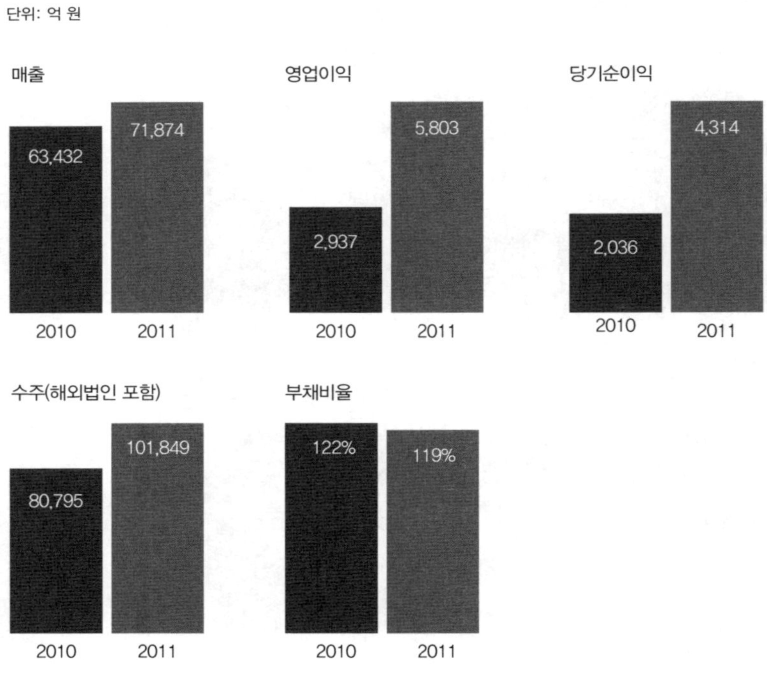

〈그림 I-6〉 상하이 IIP (폴리우레탄 복합생산시설 프로젝트)

에 진출하여 해외건설 외화획득 1호 기업, 쿠웨이트·이란·아프리카 진출 1호 기업이라는 명예를 안고 있다. 특히, 플랜트 분야에서 483건의 프로젝트를 수행하면서 최고 수준의 해외 프로젝트 수행실적을 보유하고 있으며, 플랜트 부문에서만 2011년 해외 수주 53억 달러를 달성하였다. 현재 세계 24개국에 진출하여 플랜트 분야뿐만 아니라 토목, 건축 분야에서도 높은 품질과 가격 경쟁력을 인정받아 다양한 프로젝트를 수행함으로써 글로벌 건설기업으로 전세계에서 인정받고 있다.

대림산업의 건설사업부와 함께 대림그룹의 건설사업 부문을 담당하고 있는 고려개발은 주요 고속도로, 고속철도, 택지개발과 같은 대규모 토목공사를 수행하였다. 1995년, 1999년, 2001년, 2010년에 한국도로공사가 선정한 우수건설업자로 여러 차례 선정된 바 있으며, 2004년에는 한국철도시설공단이 선정한 우수건설업자로도 선정되었다. 아파트형 공장과 경전철 사업도 수행하면서, 1965년에 설립한 이후 줄곧 종합건설업체로서의 입지를 다져왔다. 2011년에는 매출규모가 6,115억 원이었으며, 2012년에는 매출액이 6,494억 원으로 상승할 것으로 예상하고 있다.

고려개발과 함께 삼호도 국내에서 다수의 공동주택 시공실적을 보유하고 있으며, 공장, 물류 센터, 교육 시설 등과 같은 일반 건축에 대한 설계 및 실적 경험을 갖추고 있다. 특히, 택지와 지중화 터널 시공에서 우수한 역량을 갖추고 있으며, 환경사업에도 진출하고 있다. 이러한 성과에 힘입어 2005년에는 대통령상 대한민국 산업포장을 수상하였고, 2010년과 2012년에는 LH(한국주택토지공사)가 선정한 우수시공업체에 선정되는 영광을 얻기도 하였다. 삼호의 2011년 매출규모는 5,160억 원이었으며, 2012년에는 5,200억 원을 달성할 것으로 기대하고 있다.

대림산업의 석유화학사업부는 1979년에 출범하여 기술력과 생산량을 바탕으로 국내 유화업계를 선도하고 있으며, 1999년부터 국내외 경쟁사와 합작구조조정 및 전략적 제휴를 통해 세 개의 합작사(폴리미래, 여천NCC, KRCC(케이알코폴리머))를 운영하고 있다. 폴리미래는 글로벌 석유화학 기업인 바젤(Basell)사와 대림산업이 폴리프로필렌(PP) 사업부문을 전문화하고자 하는 취지에서 설립한 합작법인이며, 여천NCC는 대림산업과 한화석유화학이 NCC(Naphtha Cracking Center, 나프타분해센터) 부문만을 통합하여 출범한 합작법인이다. 마지막으로 KRCC(케이알코폴리머)는 미국 석유화학 기업인 셰브런 필립스(Chevron Phillips)와의 합작법인을 통해 K-Resin 사업부문을 전문화한 기업이다. 이로써 대림산업은 아시아 3위의 에틸렌 설비를 구축할 수 있었을 뿐만 아니라, 기초 유분에서부터 고부가가치의 다양한 제품들을 생산할 수 있는 세계적인 수준의 경쟁력을 확보하고 있다. 특히, 메탈로센 PE(Plyethylene, 폴리에틸렌)을 국내 최초로 개발하고 상용화하는 등과 같은 혁신적인 기술, 그리고 50개 이상의 석유화학 프로젝트 O&M(Operating and Maintenance, 운영 및 관리) 경험을 바탕으로 한 탁월한 공정 운영 및 설비관리 역량을 보유하고 있다. 2011년 매출액 9만 9,063억 원을 달성하였으며, 영업이익은 4,366억 원을 기록하였다. 2012년에도 이와 같은 성장을 기대하고 있다.

이 밖에도 대림그룹에서 무역을 담당하고 있는 대림 코퍼레이션은 1994년에 설립되어 석유화학 부문에 전문화된 마케팅을 주도하는 기업이다. 주로 대림의 석유화학 제품을 수출하고 석유제품 및 플랜트 자재의 해상 운송과 복합 물류도 함께 담당하고 있다. 국내 업체 중에서 나프타(naphtha) 트레이딩 규모 1위를 차지하고 있으며 가스 선종 부문에서도 아시아 1위를 차지하고 있다. 매출규모도 비약적으로 성장하여 2011년에는 4만 3,977억 원을 기록하였으며, 2012년에는 4만 4,583억 원을 달성할 것으로 전망하고 있다.

대림 자동차공업은 1978년에 설립되어 자동차 부품을 제조하고 있으며, 국내 최대의 모터사이클 제조업체로 국내 이륜차 부문에서는 최고 업체이다(2011년 기준으로 모터사이클 시장 점유율 53%로 업계 1위를 달성하였다.). 국내 최초로 2004년에 250cc 스쿠터를 출시하였으며, 연 3회에서 5회 국내 유일의 스쿠터 레이싱 대회를 운영하고 있다. 또한, 2010년에 국내 자동차 부품사 중에서는 최초로 6속 밸브바디 가공을 외주화하여 수주함으로써 기술력에서도 국내 최고임을 자부하고 있다. 2011년 대림 자동차공업의 매출규모는 3,485억 원이었으며, 2012년에는 3,838억 원이 될 것으로 예상하고 있다.

대림그룹에서 건설자재 분야를 담당하고 있는 대림C&S는 고강도 콘크리트 파일과 철구조물과 같은 자재를 주력 상품으로 내세우고 있다. 1962년에 설립되어 파일 생산규모와 사장 점유율 국내 1위를 기록하고 있으며, 국내에서 유일하게 JIS(Japanese Industrial Standards, 일본공업규격)를 인증받아, 나이지리아, 일본, 호주, 브라질, 필리핀 등지로 건설자재를 수출하고 있다. 1992년에는 국내 최초로 PHC(고강도 콘크리트)와 기능성(벽체, 선단확장, 복합) 파일을 도입하였으며, 육상·해상·특수강교를 전문적으로 제작하고 있다. 2011년 매출규모 2,057억 원을 달성하였으며, 2012년에는 2,250억 원을 달성할 것으로 기대하고 있다.

정보 서비스 분야를 담당하는 대림I&S는 1995년에 설립된 이래로 건설, 주택 정보화 및 서비스를 고객에게 제공하고 있다. IT(Information Technology)를 기반으로 BPO(Business Processing Outsourcing, 업무처리 아웃소싱)와 건설과 주택부문 서비스 리더를 지향하고 있다. 특히, 주택 부문에서 쾌적한 주거환경을 제공하는 주택토탈서비스 네트워크를 운영하고 있으며, 열교환 환기장치 특허 및 에너지파일형 지열시스템 특허와 같은 환경 분야의 특허를 다수 보유하고 있다. 2011년 대림I&S의 매출규모는 1,963억 원이었으며, 2012년에는 2,289억 원의 매출액을 예상하고 있다.

그밖에 대림그룹은 개개인의 여가생활을 위한 사업 분야에도 활발하게 진출해 있다. 대중에게 한국 고유의 지역문화 및 국제문화, 패션, 사진, 디자인 등 문화 향유의 기회를 마련하고자 설립된 대림문화재단과 대림미술관을 운영하고 있다. 그 밖에도 학교법인 대림학원, 제주도 최대 규모의 특1급 호텔인 제주그랜드호텔을 운영하고 있는 오라관광이 있다. 특히, 제주그랜드호텔은 1992년 지방호텔로서는 최초로 1,000만 달러 관광 진흥탑을 수상하였으며, 전 산업자원부(현 지식경제부)로부터 2003년, 2005년, 2007년, 2010년에 서비스 품질 우수기업상을 받는 등 관광 숙박업에서 괄목할 만한 성과를 창출하고 있다. 이로써 대림그룹은 긴 시간 동안 대한민국의 성장과 발전을 함께 하며 국민의 삶의 질을 향상하는 데 큰 공헌을 하였다고 볼 수 있다.

2 대림그룹의 역사

앞서 대림그룹에 대해서 간략한 소개와 더불어 그룹이 운영하고 있는 여러 사업부문에 대해서 살펴보았다. 대림그룹에서 주목할 만한 점은 여타의 대기업들과 달리 73년의 장수기업으로 현재까지 성공적으로 운영되고 있다는 점이다. 대림이 주력하는 사업인 건설업의 역사는 한국 건설사에서 핵심적 역할을 수행하면서 국가 기간산업에서부터 공공건물·상업용 건물·주택에 이르기까지 모든 분야의 건설사업에 참여하면서 이뤄져왔다. 이를 통해 대림은 오랜 기간 동안 나라의 산업 발전과 국민 복지 향상에 크게 이바지하였으며, 현재까지도 사회적 역할과 책임을 제대로 수행하는 기업으로 평가받고 있다. 그렇다면 대림그룹이 이토록 오랫동안 대한민국 대표 건설사로 자리매김할 수 있었던 이유는 무엇일까? 앞서 간략하게 살펴본 대림그룹의 역

〈표 I-2〉 대림그룹의 간략한 역사

창업기	1939년 대림산업(부림상회) 창립 1954년 서울증권 설립
도약기	1965년 대림C&S 설립 1971년 대림요업 인수 1974년 대림 엔지니어링 설립 1978년 대림자동차 설립 1979년 호남에틸렌 인수
성장기	1986~1987년 삼호, 오라관광, 고려개발 인수 1987년 호남에틸렌 대림산업으로 흡수·합병 1994년 대림 코퍼레이션 설립 1995년 대림I&S 설립
구조조정기	1998년 대림요업 매각 1999~2000년 대림산업 유화 부분 합작회사 설립 (여천NCC, 폴리미래, 케이알코폴리머) 2000년 e편한세상 브랜드 런칭
재도약기	2001년 서울증권 매각 ~2012년 현재 신성장동력 마련: 해외시장 공략, 에너지 발전 사업 집중 육성

사를 세세하게 살펴보면서, 대림그룹이 장수기업이 될 수 있었던 원천이 과연 무엇인지를 살펴보도록 한다.

1) 창업기(1939~1961)

대림산업의 전신인 부림상회(富林商會)는 1939년 창업주 수암 이재준(修巖 李載濬)에 의해 창립되었다(그림 I-7). 부림상회가 창립되었을 당시 상황은 일본이 한국을 중일전쟁의 병참기지로서 식민 지배하던 시기였다. 그 시절 수암은 18살부터 부친이 운영하던 한일정미소에서 일하면서 장래 경영자로서의 경험을 쌓아나갔다. 이때 부친에게 배운 정직과 성실, 신용을 강조하는 경영철학은 수암이 부림상회를 세운 이후에도 계속 되어왔고, 이것이 유교적 도덕성에 바탕을 둔 정도경영(正道經營)으로 이어지게 되었다. 1939년 10월 10일,

〈그림 I-7〉 수원시 교동에 자리 잡았던 부림상회 수원분공장

현재 인천의 부평 근처에서 시작한 부림상회는 초기에는 주로 남선재(南鮮材), 석회, 기타 토역 재료를 판매하다가, 민족자본 말살정책으로 폐업의 위기에 놓이게 되었다. 그러나 끝없는 수암의 노력으로 원목 생산업자 겸 제재업자로 지정받아 비약적인 성장을 맞이하게 된다.

특히 대림은 가족적인 분위기와 고객 제일주의를 기업정신으로 삼고 있는데, 이는 부림상회 때부터 이어져 내려온 것으로 창업가 수암의 정신을 이어가고 있는 것이다. 대림의 '가족적인 분위기'는 다른 회사에서는 느낄 수 없는 분위기로, 창업 초기부터 같은 숙소에서 사원들이 동고동락하며 지내었던 합숙소 생활 때문에 형성되어왔다는 설이 있다. 사원들의 합숙소 생활은 1960년대 초반까지 이어져왔으며, 같은 목적을 이루기 위해서 타지 건설현장에서 함께 고군분투해야 하는 건설업계 특유의 직장 분위기가 조직 전체에 가족적인 분위기를 형성할 수 있도록 공헌하였다. 또한 대림의 고객 제일주의는 부림상회가 새로이 제재공장을 세웠을 때 발주자의 입장에서 발주자에게 이익이 되도록 일을 해주었던 것이 발판이 되어, 이러한 고객을 생각하

〈그림 I-8〉 대림의 창업기(1939~1961)

는 대림의 서비스 정신이 변함없이 이어지고 있는 것이라 볼 수 있다.

1945년 8월 대한민국이 광복을 맞은 뒤 독립을 이루었으나 우리 경제와 사회는 여전히 혼란 속에서 벗어나지 못하고 있었다. 광복 이후 나라가 분단의 위기에 봉착하자 부림상회는 전 자산이 거의 백지화되어 무에서 유를 창조해야 하는 어려운 시기를 맞이하게 되었다. 이때 위기에서 벗어나기 위해 노사가 똘똘 뭉쳐서 부림상회의 재건을 위한 새로운 출발을 도모하였다. 일제의 지배에서 벗어난 이후인 1947년에 부림상회가 어느 정도 기반을 이루자, 경영진은 부림상회를 해체하고 '대림산업주식회사'라는 새로운 회사명으로 변경하였다. 이는 새 시대에 발맞춰 국가에 공헌하고자 했던 경영진의 뜻을 담은 것이었다. "건국 도정에 주축 돌이 되고 쇠기둥이 되어 사리사욕을 버리고 헌신하고자 서약"한 사명은 여전히 대림의 정신으로 남아 대림의 기업 문화의 기반으로 자리 잡고 있다.

사명을 변경하면서 대림은 북한에 편재되어 운영해왔던 주력 사업이었던 목재업을 건설업으로 전환하기에 이른다. 2012년 현재까지 대림이 건설업을 주력 사업으로 운영해온 것을 보면, 대림의 건설 사업 역사가 얼마나 오래되고 유서가 깊은지를 알 수 있다. 주력 사업을 변경하고 나서 해방 이후 1947년 경기도 부평경찰서 신축공사를 수주하여 처음으로 건설업자로 발돋움하였다. 그러나 이 시기에 우리나라의 건설업계란 거의 백지에 가까웠다고 할 수 있다. 대림산업은 이 시기에 건설경기가 나빠짐에 따라서 몇 차례 위기를 맞기도 했으나, 해방정부 수립 이후 국토건설사업에 뛰어들어 도로, 철도, 댐 등을 본격적으로 건설하기 시작하면서 위기에서 벗어날 수 있었다.

그러나 1950년 남북전쟁 발발 이후, 대림산업은 또다시 위기와 마주하게 된다. 전쟁의 화염 속에서 대림은 전 재산이 소실되고, 생산현장이 파괴되어 또다시 회사가 재기해야만 하는 어려움을 겪게 된다. 이러한 위기 속에서 대림은 부산에 피난민 수용소를 짓는 일부터 시작하여 전후 재건사업에 뛰어들게 되었다. 서울 수복 이후 1954년 옛 부림상회 서울지점이 있던 자리인 용산구 동자동에 최초의 본사 사옥을 짓게 되었다. 이 본사 사옥은 1967년 종로구 수송동의 현 대림사옥으로 이전하기 전까지 사용되었다. 특히, 이 시기에는 처음이자 마지막으로 대림이 경기도의 반월염전과 충남의 서산염전에 염전 축조 공사를 진행하여, 회사 경영에 큰 보탬이 되기도 하였다. 또한, 대림은 건설업 이외의 분야에도 사업을 확장하여 1954년 1월에는 서울 부동산주식회사를 설립하였고, 같은 해 서울증권주식회사를 각각 설립하여 금융업에까지 진출하게 되었다. 이때만 하더라도 국내에서 증권업이 성행하지 않았던 시절이었음에도, 서울증권은 우리나라에서 세 번째 증권회사로 설립되어 대형 증권회사로 성장하게 되었다.

이외에도 다수의 전후 복구사업에 뛰어들면서 1953년까지 10여 개에 불과했던 건설현장이 1955년에 34여 개소로 약 세 배나 증가하게 되었다. 또한, 단순한 토목·건축 사업을 넘어서 플랜트 건설과 같은 국가 기간 사업 건설에도 참여하게 되었다. 1955년에는 본격적으로 현대화된 기계화 공사에 착수하기 위해서 중기사업소(1968년에 기계사업소로 명칭 변경)를 설치하여 건설업계의 현대화를 이끌어나갔다. 더불어 당시에는 주한미군의 필요에 의해 각종 건축 발주가 끊이지 않았지만, 이를 감당할 수 있는 기술을 가진 기업은 국내에선 오로지 대림산업뿐이었다. 대림산업은 주한 미군 건설 사업에 뛰어들면서 서구의 근대화된 건설 경영·공사기법을 습득하는 기회가 오기도 하였다. 1952년부터 1961년까지 수리조합 공사, 서울 시내 도로 공사, 삼례교 가설 공사, 충북선 건설 공사, 연평도 방파제 축조 공사, 충남대 문리대 본관 신축 공사, 청계천 복개 공사 등 여러 분야에 걸쳐서 다양한 전후 재건 사업

〈그림 I-9〉 대림산업의 건설업 1호 실적인 부평경찰서

을 수행하였으며, 이를 통해 대림산업은 국가가 전쟁의 폐허 속에서 회생하여 경제성장을 이룩할 수 있는 발판을 마련해주었다.

2) 도약기(1962~1981)

(1) 발전 · 성장의 시대(1962~1971)

1960년대는 국가에서 1986년까지 대대적으로 다섯 차례에 걸친 경제개발계획을 수립하고 추진함에 따라, 우리나라 경제사에 획기적인 전환점을 맞이하게 되었다. 대림산업도 이러한 정부 정책에 힘입어 이 시기에 비약적인 성장을 맞이하게 되었다. 1962년에 시작된 제1차 경제개발 5개년계획(기간: 1962~1966년)에 따라 건설업계가 호황을 맞이하는 듯하였으나, 4·19와 5·16과 같은 정치적 사태가 일어남에 따라 건설경기가 악화될 조짐이 보였다. 이때 대림은 경영진의 부단한 노력으로 춘천수력발전소 및 삼척화력발전소와 전남 여수, 경남 울산 등지의 항만 시설 공사를 잇달아 수주하여 건설 경기

〈그림 I-10〉 대림의 발전·성장의 시대(1962~1971)

의 위기를 모면할 수 있었다. 더불어 1963년에 정식으로 원활한 경영에 필요한 일련의 사칙(社則)과 사장(社章, symbol mark)을 제정함으로써, 우리나라 건설업체로는 최초로 근대적인 경영의 기틀을 마련하고 대림의 기업 이미지를 구축하였다. 또한, 대림은 1962년 콘크리트 업계로 새롭게 진출하여 특수 콘크리트 제품을 생산 및 납품해 큰 수익을 올렸다.

특히 제1차 경제개발계획 기간에 대림은 자립적이고도 합리적인 경영을 추구하며 경영 전반의 모든 활동을 쇄신하였다. 자재를 적시에 공급하여 공사 기간을 단축하고, 최신의 장비를 갖추는 것이 수암이 생각하는 합리적인 경영철학이었다. 이러한 경영 효율화 활동에 힘입어 대림은 제1차 경제개발계획 기간이 끝나는 1966년 전년도 대비 매출액이 약 222% 증가하고, 당기순이익이 최초로 억 단위로 뛰어오르는 비약적인 성장을 보여주었다(표 I-3). 특히 1966년에 대림은 울산항 항만 공사, 한국비료공장 건설 공사, 국방부 청사 건립 등에 참여했을 뿐만 아니라, K-2 및 진해 군항과 관련된 수건의 군 관련 공사 등 여러 건설 사업에 참여했다. 여기에서 주목할 만한 대림의 성과는 대림이 우리나라 최초로 베트남의 라치기아항만 파일 항타 공사에 착수함으로써 해외 건설시장에 진출하여 우리나라의 시공 능력과 기술을 세계에 보여주었다는 점이다(대림의 해외진출 사업은 후에 다시 자세히 서술하기로 한다.). 이러한 발돋움에 힘입어 대림은 국내 건설업체 중에서 도급액 랭킹 1위에 등극하

〈표 I-3〉 제1차 경제개발계획 기간 대림의 성장 추이 (단위: 천 원)

연도	공사 매출액	당기 순이익	자산 총계	자본금
1962	575,000	17,300	318,800	65,100
1963	734,100	31,000	365,000	65,100
1964	873,500	32,800	406,300	136,200
1965	1,446,500	45,200	491,200	136,200
1966	2,099,400	145,400	680,400	136,200

〈그림 I-11〉 대림C&S 경주 공장

는 쾌거를 이루었다.

산업구조의 근대화와 완전한 자립 경제를 갖추자는 목표 아래에서 추진된 제2차 경제개발계획 기간에는 본격적으로 국토개발을 위한 사업들이 진행되었다. 이 시기에 대림은 전력 개발, 수리 사업에 매진했던 제1차 경제개발계획 기간과는 달리, 경부·경인 고속도로, 제철, 석유화학, 시멘트와 같은 국가 기간산업 건설을 주로 담당하게 된다. 또한, 우리나라 건설업체들의 활발한 해외진출에 힘입어, 대림도 동남아시아의 해외건설 수주에 발 벗고 나서게

〈표 I-4〉 제2차 경제개발계획 기간 대림의 성장 추이 (단위: 천 원)

연도	공사 매출액	당기 순이익	자산 총계	자본금
1967	2,435,100	211,200	1,424,260	136,200
1968	6,605,000	576,200	3,882,600	136,200
1969	8,657,900	706,000	4,654,200	136,200
1970	8,973,100	1,229,000	5,131,800	582,510
1971	11,584,900	975,000	7,414,200	1,000,000

〈그림 I-12〉 경부고속도로 금강교 가설

된다. 활발한 건설 경기 덕택에 대림은 1967년부터 1971년까지 매출액, 당기 순이익, 자산 총계 면에서 거의 5배 이상의 비약적인 성장을 보여주며, 급속도로 성장하였다(표 I-4).

특히 이 시기에 대림은 본사를 인천에서 서울 용산구로 옮기고, 1967년도에는 〈신년도 회사 운영 방침〉을 세웠는데, 이는 현재까지 대림 특유의 전통으로 남아 있다. 그리고 대림산업을 모기업으로 하는 사업 다각화를 본격적으로 실행하여, 대림산업을 중심으로 서울증권·풍림산업·대림 콘크리트 공업·대림흥산·대림통상·대림요업 등 6개 관계사와 학교 법인 대림학원을 포함한 기업 집단으로 부상하게 되었다.

(2) 확장 · 도약의 시대(1972~1981)

3차 경제개발 계획기간(1972~1976년)에 대림은 포항종합제철의 핵심 공장들을 비롯하여 조선소, 호남·울산의 중화학공장 확장공사를 잇달아 수주함으로써, 우리나라가 중화학공업국으로 성장하는 데 큰 보탬이 되었다. 또한 우리나라 해외건설의 전성기였던 1970년대에 대림은 동남아시아 여러 나라에 해외 지점을 설치하여 해외건설 수주를 더욱더 적극적으로 유치하고자 했다. 이 시기에 주목할 만한 점은 대림이 '플랜트 건설'을 본격적으로 특화사업으로 내세웠다는 점이다. 다른 국내의 건설사와는 다르게 대림은 해외에서도 석유화학 및 가스 프로젝트, 발전소와 같은 플랜트 건설에 참여하여 해외에서도 인정을 받게 된다. 이 시기에 이준용 전무의 지휘 아래 "견고성·신속성·경제성"이라는 슬로건을 내건 대림은 '플랜트 건설은 대림'이라는 칭호를 들으며, 외화 획득 공사에 있어서 국내 1위를 차지함과 동시에 대통령 표창까지 받는 영광을 얻게 되었다.

1974년에 대림은 자사의 성장을 위해 대림엔지니어링주식회사를 설립하여 대림이 본격적으로 플랜트 건설을 해외에서 수주할 수 있도록 하는 발판을 마련하게 된다. 이미 1960년대부터 활발한 해외 진출로 대림은 다른 기업에 비해 동남아 건설시장에서 우위를 점하고 있었다. 1974년에 발생한 오일쇼크 사태에도 불구하고 대림은 남해고속도로와 포항종합제철의 공장을 완

〈그림 I-13〉 대림의 확장·도약의 시대(1972~1981)

〈그림 I-14〉 포항제철공사 1기 준공

공하고, 서울지하철·영동고속도로·국회의사당·세종문화회관·여수 7비 등 큰 공사들을 차질 없이 수행해나갔다. 이로써 제3차 경제개발 기간(1972~1976년)에도 제1차, 제2차 경제개발 기간과 맞먹는 성장을 기록할 수 있었다. 특히 1975년에는 공사 순이익이 약 25억 원을 달성하면서 회사 창립 이후 최대 수준에 이르게 된다(표 I-5). 그리고 1975년 마침내 대림은 동남아시아 건설 시장을 넘어서서 사우디아라비아와 같은 중동 지역과 아프리카에까지 해외 건설 사업을 추진하여 약 6억 달러 상당의 수주액을 달성하게 된다.

1976년 대림은 국내 건설업계에서 최상위에 자리매김함과 동시에, 주식상장과 함께 수송동에 신사옥을 마련하여 제4차 경제개발기를 맞이하였다. 이 시기에는 직장 내 새마을운동이 정부주도 하에 대대적으로 시행됨에 따라, 대림도 회사 내에 새마을사업부를 따로 설치하고 직원들에 대한 복지를 질적으로 향상시키고자 노력하였다. 더불어 1980년대 후반에 대림은 이전에 사업을 수행하지 않았던 다른 분야로까지 사업영역을 확장하였다. 먼저 1978년, 눈에 띄는 성장에 힘입어 대림자동차의 전신인 대림공업주식회사를 설립하여 이륜자동차 생산사업에 뛰어들게 되고, 1979년에는 호남에틸렌 공

〈표 I-5〉 제3차 경제개발계획 기간 대림의 성장 추이 (단위: 천 원)

연도	공사 매출액	당기 순이익	자산 총계	자본금
1972	14,264,400	1,192,000	7,158,500	1,500,000
1973	15,921,700	1,102,900	8,846,200	2,262,200
1974	19,556,300	1,336,800	13,433,800	2,922,200
1975	26,010,900	2,452,600	15,523,700	2,922,200
1976	54,275,800	8,640,900	33,488,000	4,380,000

〈그림 I-15〉 건설 중인 국회의사당

장을 설립함과 동시에 인수하여 석유화학공업 분야로까지 진출하게 된다.

특히, 석유화학공업 분야는 건설업과 더불어 대림의 또 하나의 주력 사업으로 성장하게 되었다. 1980년에 해외시장에서 한국의 저임금 노동력의 경쟁력이 사라지게 되자, 대림은 건설업계 최초로 건설 연구소를 설립하여 향상된 건설기술로 승부를 걸고자 하였다. 이때부터 시작된 대림의 꾸준한 기술투자는 현재까지 이어져 오고 있으며, 대림을 장수기업으로 만든 하나의 원동력으로 작용했다고 할 수 있다.

〈그림 I-16〉 대한민국 건설업계 최초의 기술연구소 설립

3) 성장기(1982~1996)

제1차부터 4차에 이르는 경제개발 기간 동안 성장 위주의 정책을 통해 우리나라는 완전한 자립경제를 이루었다고 볼 수 있다. 1982년부터 1988년까지 진행된 제5차 경제사회발전 5개년계획 기간 동안 대림은 몇 차례 경제 침체와 불운의 사건들로 인해 몇 번의 위기를 맞기도 했으나, 이전 시기와 같은 꾸준한 성장세를 이어나갔다. 특히, 대림은 1980년대에도 해외건설 시장으로의 진출을 게을리하지 않아, 그 공로를 국가에서 '해외건설 수출 40억 불탑'을 수상하는 영광을 얻기도 하였다.

1986년부터 1987년 사이에 삼호, 오라관광, 고려개발을 대림계열로 인수하였고, 1987년에는 호남에틸렌을 대림산업 석유화학사업부로 영입하게 된다. 잇따른 인수와 합병은 대림이 대기업으로 면모를 과시하고, 건설과 석유화학이라는 두 사업 분야를 주축으로 하여 대림이 장수기업으로 성장할 수 있는 사업 원동력을 마련해주었다. 그리고 전사적 차원에서 기록(record)·확인(reconfirmation)·책임(responsibility)을 강조하는 "3R 운동"이 생산성 향상 전

〈그림 I-17〉 잠실종합운동장 시공 중인 모습

략의 하나로 대대적으로 운영되었다. 이는 대림이 이전부터 달성하고자 했던 합리적인 경영을 계속 추진 및 실천해나가는 모습을 보여주고 있다고 할 수 있다. 이러한 변화 속에서 대림은 잠실종합운동장·독립기념관·광양제철소·한강종합개발사업과 같은 역사적으로 의미 있는 대단위 공사들을 1980년대에 진행했다.

1990년대에 들어서 대림은 급변하는 외부 경쟁환경에 대응하기 위해 새로운 대책들을 마련하게 되었다. 그 일환의 하나로 인재육성 및 기술개발에 투자를 위해 기술연구소를 더 확충하고자 '대림교육연구원'과 '대덕연구소'를 개원하였다. 그리고 1985년에 실시한 "3R 운동"과 더불어 관리분야의 선진화를 위해 "3S 운동"도 함께 실시하였다. 경영의 소프트화−스피드화−시스템화(soft-speed-system)를 위해 이뤄진 이 운동은 건설환경의 변화에 대응하고, 더 나아가 합리적이고 효율적인 경영으로 생산성을 극대화하고자 하는 이전의 노력을 이어나가고 있는 것이라 할 수 있다. 1989년 창업 50주년을 맞이하여 대림은 특유의 기업문화를 "한숲정신"으로 정립하고 이를 조직

〈그림 I-18〉 대림의 성숙·개화의 시대

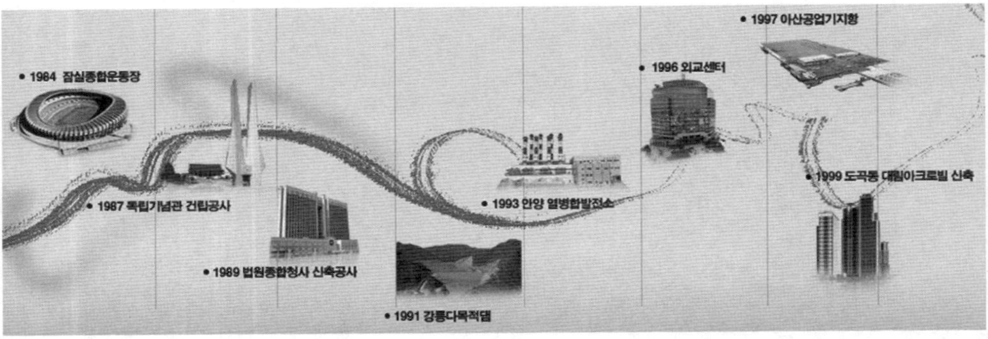

원들에게 함양시키고자 하였다. 이때 정립된 대림의 한숲정신은 여전히 대림이 대표하는 조직문화로 자리 잡고 있으며, 조직 전반에 걸쳐 한숲정신을 이어가고자 하는 노력이 현재까지 이어지고 있다.

이러한 경영 쇄신의 노력으로 대림은 국내외 공사 수주 약 1조 3,000억 원을 달성하였으며, 1991년에는 공사 수주 1조 원 달성은 물론 매출액 1조 원 시대를 열었다. 새만금간척개발사업 3공구·아산항공업기지 안벽 축조·판교~구리 고속도로 등의 대형 공사를 시작함과 더불어, '품질 1등 주의'라는 슬로건을 내세우면서 신도시에 총 6,300여 세대분의 아파트를 건설에도 참여하였다. 1993년 대림은 다가오는 2000년대를 대비하기 위해 중장기 전략으로 "대림-21"을 내세우고, BPR·인사제도·공사집행관리·기술지평 개선팀을 만들어 대대적인 조직 혁신 작업을 수행하였다.

세계가 무한경쟁시대로 접어들 무렵, 대림은 1994년 서울 종로구 수송동에 있던 본사를 여의도로 옮기면서 소위 '여의도 시대'를 열게 된다. 같은 해 해외로의 무역업 관련 부문을 담당할 회사의 필요성을 느끼게 되어, 대림 코퍼레이션(corporation)을 설립하여 해외에서의 구매업무부터 해외 투자 사업까지 관리하게 되었다. 이어서 1995년 대림 정보통신주식회사(I&S: Information & Telecommunications)를 출범하여, 정보통신사업에 본격적으로 진출하였다. 대림I&S는 시스템 통합 관련 개발 및 컨설팅, 시스템 유지와 관련된 업무를 수행하고 있으며, 건축과 토목시설 정보화 서비스와 주택서비스를

〈그림 I-19〉 대림 코퍼레이션의 선박

동시에 제공하고 있다.

4) 구조조정기(1997~2000)

1997년 외환위기를 겪으면서 한국경제는 극심한 경제침체기를 맞게 되었고, 곧이어 IMF(국제통화기금, International Monetary Fund)의 구제금융 지원을 받아 대대적인 구조조정을 단행하기에 이르렀다. 대림도 국내 건설 경기가 침체됨에 따라서 순이익이 예상보다 떨어지는 결과를 얻게 되었다. 이에 따라 비상 경영 체제에 돌입하게 되었고, 1998년에는 그룹 기획조정실을 해체하고 전문 경영인 체제 및 희망 퇴직제를 시행하여 전사적으로 대대적인 인력 조정에 나서게 되었다. 반면, 21세기를 맞이하여 "지식 경영(knowledge management)" 체제를 새롭게 구축하는 등과 같은 무한경쟁시대에서 경쟁력을 얻기 위해 지속적인 노력을 단행하였다.

금융 위기의 여파로 침체된 건설 경제 속에서도 대림은 서해안 고속도로를 2000년에 성공적으로 완공하였으며, 같은 시기에 'e편한세상'이라는 아파트 브랜드를 국내 최초로 런칭하여 대대적인 성공을 거두게 된다. 1999년에는 1974년 계열사로 설립한 대림엔지니어링을 흡수·합병하여 대림산업 플랜트 사업 본부를 만들었고, 전략적 제휴를 통해서 3개의 합작회사인 여천NCC·폴리미래·케이알코폴리머를 설립하여 석유화학사업부와 함께 대한민국의

〈그림 I-20〉 국내 최초의 강합성 사장교인 서해대교 준공

석유화학 분야를 이끌어나가게 되었다.

5) 재도약기(2001~2012)

1997년의 극심한 경제위기를 거친 대림은 2001년 서울증권을 매각하고, 주력 사업인 건설업과 석유화학 사업에 집중하는 전략을 취하게 되었다. 2000년대에 넘어가면서 대림은 이전과 같이 국가적으로 의미 있는 토목 사업에 많이 뛰어들었는데, 청계천·광화문광장·새만금지구 간척개발사업 등이 바로 그 예이다. 또한, 상공회의소·법원종합청사·세종문화회관·GT 타워 등 일반건축 사업도 활발히 수행하였다.

특히, 2000년에 런칭한 대림의 아파트 브랜드인 e편한세상을 여러 지역에 공급하면서, 살기 좋은 아파트 대통령상·한국산업디자인파워(KDPI: Korea Design Power Index) 아파트 부문 1위·대한민국 마케팅 대상 등을 여러 차례 수상하는 영광을 누렸다. 이는 e편한세상의 고객과 여러 이해관계자로

〈그림 I-21〉 광화문 광장 준공

〈그림 I-22〉 금강 2교 준공

부터 인정받았기에 가능했던 일이다. 2009년에는 한국형 DJSI(Dow Jones Sustainability Index, 다우존스 지속가능경영지수) 건설업 부분에서 최우수 기업으로

선정되어 국내 건설업계에서 대림산업이 최고임을 확인하였다. 2012년 대림산업은 DJSI Asia-Pacific 지수 건설 부문에 3년 연속 편입되는 영광을 누렸다. DJSI는 재무성과, 지배구조, 리스크관리, 기후변화대응, 사회공헌, 공급망 관리, 인권 등을 종합적으로 평가하여 기업의 지속가능성을 평가하는 글로벌 기준으로 세계적인 공신력을 인정받고 있다. 대림산업은 DJSI Asia-Pacific에 3년 연속, DJSI Korea에 4년 연속 편입되어, 도덕적으로 투명하고 사회적 책임을 다하는 기업으로 인정받게 되었다.

이 시기에는 대림이 새로운 성장동력을 찾고자 하는 노력을 금융위기 이후부터 지속해서 이행하고 있다. 이러한 대림의 노력은 위기를 슬기롭게 극복하고, 다시 미래를 위한 성장 기회를 갖는 계기를 맞게 된다. 대림이 그동안 준비하고 있었던 신성장동력으로는 해외 플랜트 시장 공략, 에너지 발전사업 집중육성 등과 같은 프로젝트가 준비되어 있으며, 자세한 내용은 '제 V장 대림의 미래'에서 후술하기로 한다.

6) 해외진출(1965~현재)

대림은 국내뿐만 아니라 해외 건설시장에서도 그 명성을 널리 떨쳐왔다. 해방 이후 1956년, 건설업계는 주한 미군의 군납공사 형태로 해외 건설시장과 처음으로 접촉하게 되었다. 이를 기회로 대림은 외국 건설 사업에 대한 경험을 쌓을 수 있게 되었다. 그러나 건설 군납이 차츰 건설사 간의 경쟁이 치열해짐에 따라 새로운 돌파구를 찾을 필요성이 대두하였고, 이러한 시대적 요청에 따라 1960년대 중반부터 한국 건설업계는 본격적으로 해외 진출에 나서게 된다. 대림도 이러한 분위기에 따라서 1966년 라치기아 항만항타공사 건설에 참여함으로써 베트남에 진출하여 외화를 벌기 시작하였으며, 이때 '외화 획득 제1호'라는 영예를 얻게 된다.

1970년대로 들어서면서 대림은 보르네오 섬 근처 브루나이의 세리아에 지점을 설치하고 우리나라 역사상 최대 규모의 해외수주공사로 기록되는 브루나이 천연가스액화공장 건설공사를 시행하게 되었다. 1973년 이후 베트남에

〈그림 I-23〉 대림의 해외건설의 역사

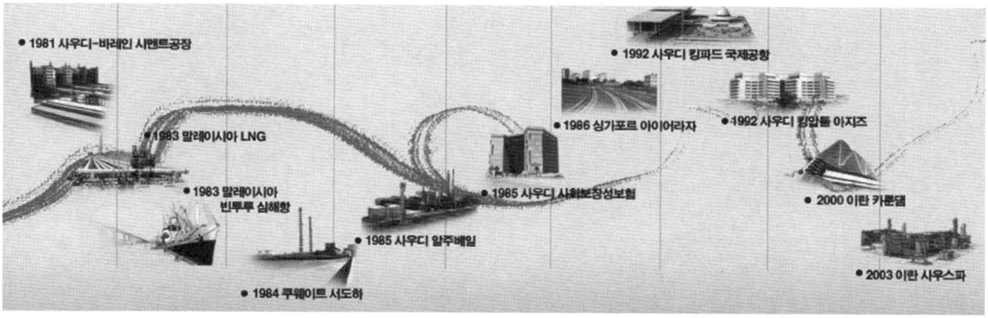

〈그림 I-24〉 사우디아라비아 카얀 고밀도 폴리에틸렌 생산 플랜트

서의 미군 철수로 인한 '베트남 특수'가 사라지고 중동의 석유 자본으로 인한 '중동 특수'가 등장하였다. 이러한 흐름에 따라 대림은 1974년 사우디아라비아와 쿠웨이트에서 건설 수주를 활발히 진행하여 동남아뿐만 아니라 중동에까지 위상을 널리 떨치게 되었다. 1980년대 초반까지 발전소·시멘트 공장·정유 공장 등의 공사를 여러 차례 진행하면서 총 약 8억 달러 규모의 공사를 진행하게 되었으며, 이 시기에 해외 건설의 절정기를 맞았다고 할 수 있다.

1980년대로 진입하면서 한국뿐만 아니라 선진국과 후기 개발도상국들까지 해외건설에 뛰어듦으로 인해서 치열한 수주 경쟁이 벌어졌다. 이러한 상황에서도 불구하고 대림은 1981년 말 약 17억 달러의 해외 계약액을 달성하게 되었다. 다음 해 1982년 대림은 약 11억 달러 상당의 신규 수주 공사와 더

〈그림 I-25〉 대림산업의 해외 진출 현황(2011.12.31 기준)

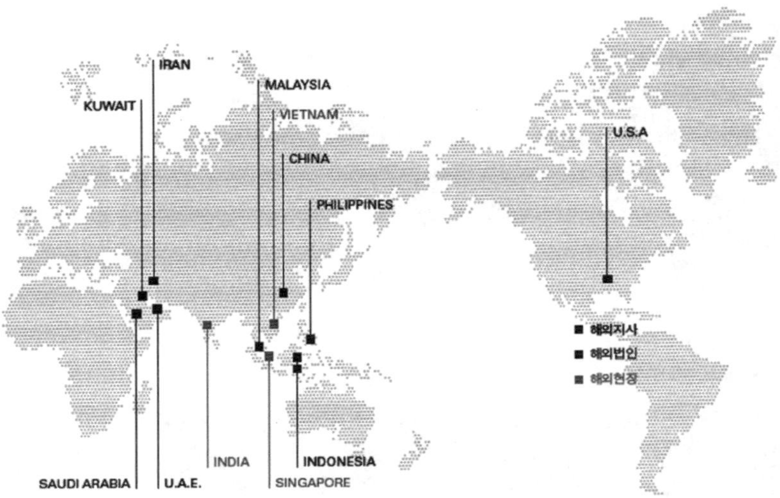

불어 수주 누계액이 총 50억 달러를 넘어서는 경이로운 기록을 달성하여, 국가로부터 '해외건설 수출 40억 불탑'을 수상하는 영광을 누리게 되었다.

1983~1984년에는 해외 건설 수주가 약간 침체되는 듯 보이다가, 1985년에 접어들면서 해외 건설 시장이 크게 위축되어 수주 경쟁이 더 치열해져 도산하는 해외건설업체가 생겨나기 시작하였다. 1986년 대림의 해외건설 수주 실적은 전년도 수주 실적인 4억 2,600만 달러보다 거의 절반도 되지 않는 1억 9,000만 달러밖에 수주하지 못하는 것과 같은 해외건설의 침체기를 여지없이 겪어야만 했다. 1989년 이란과 이라크 전쟁이 종료되고, 동남아 지역의 건설 경기가 회복됨으로써 해외 건설업계는 침체기를 벗어나게 되었다. 대림도 전년 대비 무려 2,000%가 늘어난 2억 2,600만 달러를 수주하게 되어 장기 불황의 그늘에서 벗어나게 되었다.

국제화와 개방화 시대를 맞이하게 된 1990년대 첫해 대림은 전년 대비 약 2배가 늘어난 4억 8,000만 달러를 수주하면서 제2의 도약기를 맞이하게 되었다. 이때 새롭게 수주한 공사로는 이란의 캉간가스정제 2공장, 사우디아라

〈그림 I-26〉 이란 카룬댐

비아의 원유저장탱크 수선 공사 등이 있었으며, 총 4개국 10여 개의 현장을 갖게 되었다. 1994년 세계적으로 사회간접자본(SOC: Social Overhead Capital) 시설부문에 민간 건설업체를 유치함으로써 급속도로 건설 경기가 살아나게 되었다. 이에 발맞춰 대림도 이란 최대규모의 카룬댐과 같은 굵직한 공사들을 수주하게 되었다. 이어서 1995년 품질 우선의 세계화 경영을 추진하면서 해외 건설 사업 부문은 3억 3,170만 달러를 수주하기에 이르렀다. 극심한 해외 건설의 불황 속에서도 꿋꿋하게 살아남은 대림은 여전히 해외에서 명성을 떨치며 현재까지 해외 여러 지역에서 '플랜트 강자'로 손꼽히며 활발히 건설사업을 수행하고 있다.

3 장수기업으로서의 대림

앞서 본 대림의 73년의 역사를 토대로 우리는 대림이 73년의 긴 역사를 가진 장수기업이 될 수밖에 없었던 공통 요인들을 확인할 수 있었다. 대림의 장수기업이 될 수 있었던 요인들을 종합해보면 총 다섯 가지로 요약할 수 있다 (그림 I-27).

대림이 장수기업으로 자리 잡을 수 있었던 다섯 가지 원동력을 자세히 살펴보면 다음과 같다. 첫째, 대림은 주력사업으로 73년 동안 건설업에만 집중하였다. 많은 여타의 대기업들이 새로운 사업에 무리하게 뛰어들던 1980년대에 대림은 국내 최초로 기술연구소를 설립하여 차후의 성장 기반을 다져나갔다. 내실을 중시하는 대림의 내실경영 덕분에 IMF의 위기를 안정적으로 극복해낼 수 있었다. 대림의 건설 외길에 대한 자부심은 품질과 실용성을 중시하고 있는 아파트 브랜드 'e편한세상'에 나타나고 있다. 특히, 대림이 자랑하는 아파트 브랜드인 'e편한세상'은 화려한 겉모습만을 강조하고 있는 다른 아파트 브랜드와는 다르게, 실용적인 평면 설계와 친환경·저에너지 건축 기술을 아파트에 적용하여 고객에게 최상의 가치를 제공하고 있다. 건설업에서 경쟁력을 쌓아온 대림은 그 기술력을 인정받아 현재까지 국내외에서 인정받는 글로벌 건설기업으로 자리 잡고 있다.

〈그림 I-27〉 대림의 장수기업 원동력

1. 주력사업인 건설업에 집중
2. 건설 기술 개발에 집중 투자
3. 활발한 해외시장 진출
4. 신성장 동력의 발굴
5. 협력업체와의 상생협력

두 번째, 대림의 장수기업 원동력으로는 건설 기술 개발에 집중적으로 투자했던 것을 들 수 있다. 그 예로 1980년 3월 건설업체에서는 국내 최초로 기술연구소를 설립한 것을 들 수 있다. 산업이 발달하기 이전부터 국내 대기업들은 외국 기술력에 의존하여 자체 기술 역량은 부족하였으나, 기술 투자에는 소홀하고 오로지 사세를 확장하기 위해 문어발식 확장을 하고 있었다. 대림은 이와는 반대로 자체 건설 기술을 확보하기 위해 끊임없이 투자를 확장하였으며, 설계와 시공에 대해서 기술 자립화를 일궈내었다. 2010년 12월에는 한국공학한림원이 선정한 '자랑스러운 대한민국 100대 기술'에 대림이 개발한 벽식 아파트 설계, 플랜트 엔지니어링, 친환경 도시복원 기술 등이 포함된 6개 분야에 이름을 올렸다. 대림은 2012년 현재 서울, 용인, 대전 3곳에 기술연구소를 운영하고 있으며, 80여 명의 석·박사급 인력이 선진 건축 기술 확보를 위해 활발한 연구 과제들을 수행하고 있다. 대림의 기술연구소는 설립 이후에 총 493건(국책: 90건, 자체: 403)의 연구과제를 수행하였고, 현재까지 225건의 특허와 49건의 실용신안, 14건의 신기술을 등록하는 등의 기술 개발 성과를 올리고 있다. 꾸준한 기술 개발의 노력으로 대림은 새로운 성장 기회를 마련할 수 있었으며, 많은 기업이 도산했던 금융위기에서도 기술력을 바탕으로 지속적인 성장세를 유지할 수 있었다.

셋째, 대림은 국내뿐만 아니라 해외에서도 활발한 시공활동을 벌임으로써, 건설업체 중 해외시장 진출의 선구자 역할을 한 것 또한, 장수기업으로 성장할 수 있었던 발판을 마련해주었다. 앞서 대림의 해외진출 활동에서 말했듯이, 1966년 1월 베트남에서 미 해군시설처(OICC)로부터 라치기아 항만 항타 공사를 87만 6,000달러에 수주하면서, 해외에서의 건설사업을 꾸준하게 진행해왔다. 동남아에서 차근히 진행된 대림의 해외활동은 아무도 개척하지 못했던 중동까지 진출하여 활발히 사업을 진행하기에 이르렀다. 70년대 한국의 건설업계는 대림의 이러한 해외시장 개척에 힘입어 중동 붐을 맞이하게 되었고, 대림은 이제 중동뿐만 아니라 다른 새로운 해외시장 개척에 앞장서고 있다.

넷째, 대림은 신성장 동력을 꾸준히 발굴하는 노력을 통해 오랫동안 기업이 성장할 수 있는 기반을 마련하였다. 특히, 1997년 IMF 외환위기 당시 대

〈그림 I-28〉 대림의 국책연구과제 예산

단위: 백만 원

림은 단순히 위기를 타개하는 것에 뜻을 두지 않고, 기업 자체의 체질과 내부역량을 강화하기 위해 신성장 동력을 창출하고자 하였다. 우선 대림은 금융위기를 극복해나가고자 엘지 칼텍스(LG-Caltex)에 출자했던 대림 보유 주식 449만 1,916주(2,814억 원)를 매각하고, 심지어 이준용 회장의 350억 원대 사재 출연과 흑자사업까지 포기하는 과감한 구조조정을 단행하였다. 이로써 건설업계에서는 단연 최고의 재무건전성을 확보하게 되었다. 1998년 3월부터는 '지식경영체제'를 구축하고 이를 업무에 활용함으로써 내부역량을 강화하고 있다. 대림이 구축한 '지식경영체제'란 본사와 국내외의 현장과 지점들을 연결하는 사내 전산망을 통하여 개인 직원과 조직이 가진 노하우와 경험을 서로 간에 원활하게 공유할 수 있게 해주는 시스템을 말한다. 이 시스템을 통해서 대림은 시공과정에서 발생 가능한 불필요한 시행착오를 줄여 원가절감을 이룩하게 되었다. 특히, IMF 시기에 대림은 전사적으로 신성장 동력을 찾기 위해 고군분투하였고, 마침내 2000년 1월 국내 최초의 브랜드 아파트 'e편한세상'을 런칭하는 쾌거를 이뤄내었다. 신성장 동력을 지속적으로 추구해온 대림의 노력은 금융위기를 슬기롭게 극복하고, 앞으로의 대림이 장수기업으로서 계속 성장할 수 있는 계기를 마련해주었다.

다섯째, 대림은 "협력업체의 성장이 곧 대림의 경쟁력 강화로 이어진다."는 경영 철학을 바탕으로, 협력업체와의 동반성장을 위해 업체 최고 수준의 동반성장 프로그램을 운영하고 있다. 이 프로그램의 특징은 대림의 단편적 지원을 바탕으로 하는 것이 아니라, 장기적 관점에서 협력업체의 자생력을 강화시켜준다는 점을 특징으로 하고 있다. 협력업체의 유동성 확보를 위한 다양한 재무지원뿐만 아니라, 협력업체의 판로확보와 글로벌화를 동시에 지

〈그림 I-29〉 사우디 얀부(Yanbu) 정유플랜트 현장에서의 대림산업 직원들

〈그림 I-30〉 e편한세상 광고 모델하우스

원하고 있다. 동반성장 프로그램에 대한 세부적인 사항들은 사례의 뒤편에서 자세히 다루고 있다.

○ 장수기업의 원천은 무엇인가?

지금까지 대림이 73년 동안 한국 건설업계에서 우위를 차지하며 장수할 수 있었던 원천을 앞에서 알아보았다. 그렇다면 일반적으로 장수기업들이 가진 공통적인 특징으로는 무엇이 있을까? 2009년 12월 8일자 한국경제신문에 난 기사에 따르면, 2009년 12월 8일 지식경제부와 대한상공회의소가 공동으로 작성한 '장수기업에서 배우는 위기극복 전략보고서'에서 대림과 같은 60년 이상 된 장수기업들을 조사·분석하였다. 그리고 그들은 장수기업의 공통된 특징을 총 네 가지로 정리하였다(그림 I-31).

그들이 작성한 전략보고서에 따르면 상장된 국내 기업들의 평균 지속 수명은 34.2년이었다. 60년 이상 지속된 장수기업들은 대기업이 19곳, 중소기업이 2곳이었으며, 이들의 공통된 성공비결은 '지속적인 연구와 개발(R&D), 최고경영자(CEO)의 위기관리, 핵심경쟁력 중심의 한우물 파기, 노사 간 신뢰와 화합'인 것으로 나타났다.

〈그림 I-31〉 장수기업의 네 가지 원천

환갑 넘긴 장수기업의 비결

❶ 지속적인 연구 · 개발 투자
디피아이홀딩스, 도료 인쇄잉크 분야 기술연구소 설립 등 투자 집중

❷ 최고경영자의 위기관리
이금기 일동제약 회장, 20년 이상 경영맡아 2001년 조기 워크아웃 졸업

❸ 핵심경쟁력 중심의 사업추진
금호전기, 조명 사업 중심으로 한 '한우물 전략'

❹ 신뢰있는 노사관계 구축
하이트홀딩스, 삼양사, 유한양행 등 무분규 사업장 확립

첫 번째 장수기업의 원천으로는 지속적이고도 꾸준한 연구·개발이 필요한 것으로 나타났다. 보고서에 나온 종합화학 기업 디피아이홀딩스 역시 2007년 기준 R&D 투자 비율이 전체 매출 대비 13.85%로, 연구·개발에 대한 투자를 다른 기업보다 많이 하는 것으로 나타났다. 대림 역시 기술개발투자 금액을 점차 확대함으로써 기술을 통한 경쟁력 확보에 주력하고 있음을 확인할 수 있다. 더불어 국내 건

설업계로는 최초로 기술연구소를 설립하였으며, 이후에도 친환경 건축 기술과 에너지 발전 관련 기술 등의 연구를 통해 지속적인 기술 혁신이 가능토록 하고 있다.

두 번째 장수기업의 원천으로는 최고경영자의 위기관리 능력이 손꼽혔다. 일동제약의 이금기 회장은 외환위기로 워크아웃에 들어갔던 회사를 조기에 위기를 극복할 수 있도록 리더십을 발휘했다고 한다. 대림은 선대 회장인 이재준 회장의 한숲정신을 바탕으로 하여, 건설업계가 위기를 맞을 때마다 이준용 회장의 빛나는 위기대처 능력으로, 위기를 극복하고 대림이 오래도록 성장할 수 있는 계기를 마련하였다.

세 번째 장수기업의 필수 요건으로 핵심사업에 주력하는 '한우물 파기' 전략을 들 수 있다. 이는 전략(strategy) 분야에서 강조하는 '선택과 집중'이라는 가장 기본적인 전략을 시행하는 것이다. 금호전기는 외환위기 이후 '번개표' 제품의 국내시장 점유율이 40%까지 떨어지자 IT(Information Technology) 조명을 신사업으로 선정하여 국내 최초로 '냉음극 형광램프'를 개발하였다. 이로써 금호전기는 외환위기의 상당한 적자를 털어버리고, 2004년 137억 원의 순이익을 얻을 수 있었다. 대림은 다양한 사업분야를 가졌지만, 이들 장수기업과 마찬가지로 건설업과 석유화학사업에 집중함으로써 막대한 이익을 달성하고 있다.

마지막으로 장수기업의 원천은 노사 간의 신뢰와 화합이었다. 보고서에 따르면 삼양사와 하이트홀딩스, 성창기업, 유한양행은 노조가 설립된 이래로 단 한 차례도 노사분규가 발생하지 않았다고 한다. 대림 또한, 전사적으로 '한숲정신'을 공유하며, '한숲협의회'를 통하여 노사 간의 의사소통을 원활하게 하고 공통의 목표를 달성하고자 노력하고 있다.

제 II 장

대림의 비전과 전략

1 대림의 비전과 목표

73년의 역사와 함께한 대림은 사회간접자본(SOC) 시설과 국가기간산업 건설에 이바지하면서 국가 경제뿐만 아니라 우리나라 산업발전에 큰 보탬이 되었다. 이는 선대 경영자였던 수암 이재준 선생의 건설 보국(建設報國)의 정신을 이어서 나라 경제에 보탬이 되는 기업을 만들고자 하는 큰 뜻이 담겨 있다. 대림은 이후에 "Best Value, Better Life"라는 비전을 내세우면서 고객과 주주, 직원과 같은 모든 이해관계자를 만족시키기 위해서 최상의 서비스를 제공하는 것을 목표로 삼고 있다. 이러한 비전 안에는 대림의 내부 역량을 극대화하고 지속적으로 혁신을 추구하고자 하는 의지와 함께, 모든 이해관계자에게 최상의 가치를 제공하고자 하는 의지가 담겨 있다고 할 수 있다. 특히 다른 기업과는 다르게 대림은 '풍요롭고 만족할 만한 삶'에 대한 중요성을 강조하고 이를 이루기 위해서 노력하는데, 이는 대림이 단지 서비스를 제공하

〈그림 II-1〉 대림의 비전

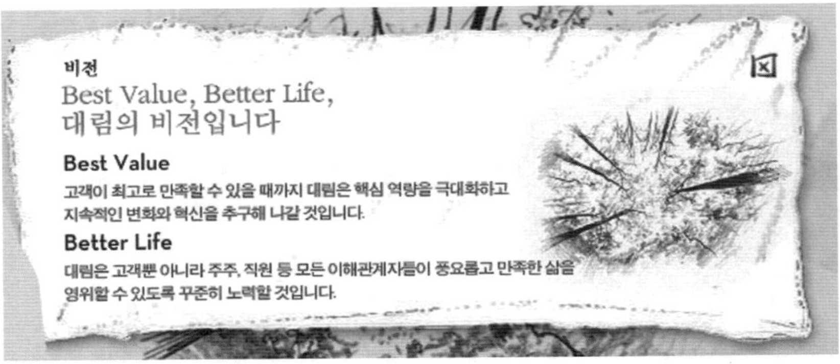

는 기업이 아니라 주거환경과 기반시설 등을 건설하여 사람들에게 보다 더 나은 삶을 제공해줄 수 있기 때문이다.

대림의 비전은 한숲정신을 바탕으로 한 기업이념에서 좀 더 구체적으로 드러나고 있다. "쾌적하고 풍요로운 삶을 창출하고 광대 무한한 성장과 발전을 도모한다."는 기업이념을 정립하여, 국민과 함께 성장하는 기업으로 자리매김하고자 노력하고 있다. 여기에서도 비전에서 강조하는 '풍요로운 삶'을 고객에게 제공해야 한다는 것을 제시하고 있다. 그리고 더 나아가 국가의 발전과 성장을 함께 해온 대림이기 때문에, 국익을 위해서 힘써야 함을 강조하고 있다.

2 대림의 경영 전략

대림은 김윤 부회장이 2012년 신년사에서 밝힌 바와 같이 고객과 시장을 중심으로 경영을 이끌어나가고자 "마케팅 중심의 경쟁우위 창출(marketing driven change)"을 경영전략으로 설정하였다. 마케팅 중심의 경쟁우위 창출이란 "고객과 시장을 분석하여 이에 대한 통찰력을 확보하고, 이러한 통찰력

〈그림 II-2〉 마케팅 중심의 경쟁우위 창출 전략

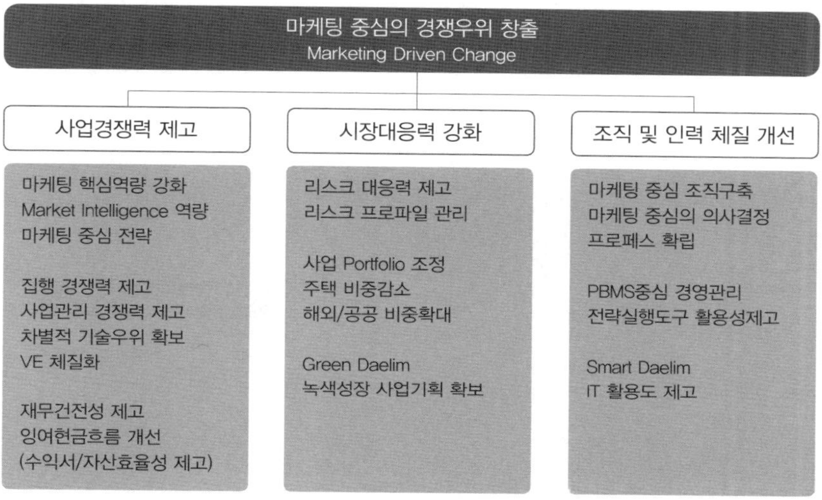

을 바탕으로 시장변화에 선제적으로 대응하여 지속적인 경쟁우위를 창출하겠다."는 대림의 의지를 담고 있다. 김윤 부회장은 신년사에서 "급변하는 사업 환경에 대비한 선제적인 리스크 관리와 민첩한 대응이 그 어느 때보다도 필요한 시점"이라고 언급하면서, 임직원들에게 "고객과 시장의 니즈(needs)를 신속하게 파악하고, 이를 바탕으로 고객이 원하는 제품과 서비스를 선제적으로 제공할 수 있어야 한다."며 대림의 경영전략을 거듭 강조하였다.

이러한 대림의 경영전략방향에 따라서 사업경쟁력 제고, 시장대응력 강화, 조직 및 인력 체질 개선을 세 가지 전략과제로 선정하였다. 가장 첫 번째로 시장대응력을 높이기 위해서 Market Intelligence(시장 정보)의 분석력과 전략 연계성을 높이고, 대형 프로젝트에 대한 리스크 관리를 강화할 계획이다. 특히 최근의 친환경 경영의 시대적 요구에 부응하여 'Green Daelim'이라는 비전을 통해 친환경 녹색경영 및 녹색성장 사업기회를 확보하고자 노력하고 있다. 그리고 플랜트 부문의 사업지역 및 영역 확대 등 Market Positioning(시장 정위화) 강화와 집행 경쟁력·재무건전성 제고를 통해서 사업경쟁력을 강화할 계획이다. 이와 더불어 해외 및 개발자(developer) 사업을 수

〈그림 II-3〉 마케팅 중심의 경쟁우위 창출을 위한 실천과제

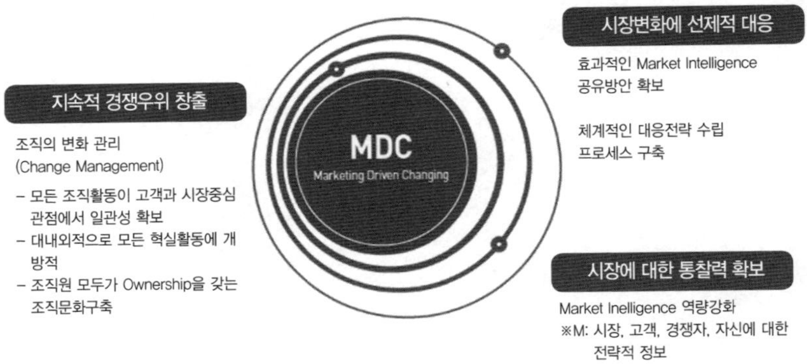

행할 수 있는 인력 확보와 신규 인력에 대한 조기전력화를 꾀하고, 도전적 성과목표 지향을 통해 조직 및 인력에 대한 체질 개선을 도모할 계획에 있다.

대림은 세 가지 전략과제에 따른 실천과제도 따로 마련하였는데, 앞서 말한 바와 같이 시장에 대한 경쟁력을 확보하기 위해서 시장, 고객, 경쟁자, 그리고 대림 자신에 대한 전략적 정보인 Market Intelligence(시장 정보)에 대한 역량을 강화하고자 한다. 그리고 시장변화에 선제적으로 대응하기 위해서 Market Intelligence에 대한 역량을 효과적으로 공유하는 방안을 확보하고, 체계적인 시장 대응전략을 수립하는 프로세스를 따로 구축하고 있다. 마지막으로 지속적인 경쟁우위를 창출하기 위해서 조직의 변화 관리(change management)를 시행하고 있는데, 모든 조직활동이 고객과 시장의 관점에서 이뤄져 빠르게 변화하는 시장과의 일관성을 확보하고, 조직 내외부에서 활발히 혁신활동을 전개하고 있다. 그리고 조직원 모두가 Ownership(조직에 대한 주인의식)을 갖는 조직문화를 구축하여, 사원들로 하여금 소속감을 느끼고 지속적인 경쟁우위를 창출할 수 있는 토대를 마련하고자 노력하고 있다.

대림산업은 지난 2011년 매출액과 영업이익, 신규수주 등에서 창사 이래 최대 실적을 기록하며 외형적 성장은 물론 이익 증가 모두에 획기적인 성과를 달성하였다. 'IFRS(International Financial Reporting Standards, 국제회계기준) 별

도 기준'으로 매출액이 전년도 매출액의 6조 3,342억 원보다 13.3% 증가한 7조 1,875억 원, 영업이익은 전년도 2,937억 원 대비 97.6%가 증가한 5,803억 원, 마지막으로 당기순이익은 전년 2만 361억 원 대비 111.9% 증가한 4,314억 원을 기록하였다. 특히, 해외사업 수주가 현격하게 증가하면서 신규 수주(해외법인 분 포함)도 사상 최초로 10조 원을 돌파하는 쾌거를 달성하였다. 대림은 지난해 중동과 동남아시아에서 1조 원 이상의 초대형 정유 및 발전 플랜트를 수주하는 데 힘입어, 2010년 8조 2,048억 원보다 30.8% 증가한 10조 7,348억 원의 신규 수주를 달성하였다.

이러한 성장추세를 2012년에도 이어나가고자 대림은 도전적인 경영목표를 설정하였다. 지난 수십 년간 중동에서 쌓아온 경험과 신뢰를 바탕으로 사우디아라비아, 쿠웨이트 등지의 주요 해외 사업지에 대한 수주 역량을 강화하고, 철저한 리스크 분석과 시장환경 분석을 통해 신규 사업지 진출을 적극 검토할 계획에 있다. 특히 해외 건설시장에서 플랜트와 토목분야에 대한 수주에 집중한다는 전략을 세우고, 신규 수주(해외 법인 분 포함) 목표를 전년 대비 28% 늘어난 13조 7,000억 원(해외 8조 1,000억 원)으로 설정하였다. 매출과 영업이익도 2011년에 대비하여 각각 31%, 38.7% 증가한 9조 4,411억 원과 8,079억 원에 이를 것으로 예상하고 있어, 2011년에 이룩했던 대림의 외형적 성장과 이익 증가가 2012년에도 계속 이뤄질 수 있도록 더 높은 목표와 전략을 수립하였다.

"마케팅 중심의 경쟁우위 창출"이라는 전략 아래에 2012년 사업부문별로 추진전략을 살펴보면 다음과 같다. 먼저, 토목사업본부에서는 해외 사업 분야의 성과 향상에 집중하고자, 해외 영업조직 및 네트워크를 확장하고 해외 입찰경쟁력을 강화할 계획에 있다. 그리고 저탄소 녹색성장이라는 시장의 요구에 선제적으로 대응하기 위해서 물·환경 사업 및 해상풍력사업 등 환경친화적인 녹색 신사업을 적극 추진할 계획이다. 또한, 토목사업본부의 핵심사업 분야인 교량, 댐, 항만 등의 경쟁우위를 지속시켜나가고, 해상 특수교량과 설계관리분야 등과 같은 특화분야의 핵심기술력 강화를 위한 연구개발투자에도 집중하여 새로운 경쟁우위를 창출하고자 모색하고 있다. 이러한 사업

〈그림 II-4〉 대림의 친환경 기술력이 결합된 e편한세상

분야 강화 및 확장 전략뿐만 아니라 원가 개선활동을 통한 가격경쟁력 및 수익성 확보와 같은 사업관리 내실화에도 힘쓸 계획에 있다.

건축사업본부에서는 "경영 내실화를 통한 안정적인 수익 기반 구축"을 목표로 여러 주요 역량에 집중할 계획에 있다. 우선 마케팅 기능을 강화하여 고객만족도를 높이는 한편, 핵심 사업분야에 대한 수주를 끌어 올려 사업경쟁력 또한, 강화하고자 하고 있다. 그리고 2010년에 국내 최초로 50% 냉난방 에너지 절약형(국토해양부 그린홈 평가기준 25수준) 아파트를 공급하여 건설업계 중에서 최고 수준의 기술력을 자랑하는 친환경, 저에너지 건축 기술 분야를 선보였는데, 이 기술을 더 육성하여 냉·난방 에너지 소비량을 아예 제로(zero) 수준으로 만들 수 있는 "ECO House(에코 하우스)" 개발을 올해까지 완료하고자 차세대 미래기술개발도 병행하여 추진하고 있다.

매년 높은 성장률을 유지하고 있는 플랜트사업본부에서는 Market Intelligence를 기반으로 해외 사업에서의 성장을 지속해서 강화시킬 계획에 있다. 2012년에는 공종(工種) 및 지역 다변화, 무재해 달성, 적정원가율 확보에 집중하여 플랜트사업본부의 핵심사업에 대한 수익성을 제고하고자 노력

〈그림 II-5〉 신고리 원자력

하며, 대형 프로젝트에 대한 관리능력을 높이는 리스크 관리에도 집중할 계획이다. 공종 다변화를 위해 원자력과 같은 발전 에너지 및 환경, 산업 설비 시장 등의 역량을 강화하고, 사우디아라비아, 쿠웨이트 등과 같은 수십 년간 해외 수주를 했던 주요 해외 사업지에 대해서도 신규 수주를 위한 역량을 강화할 계획이다. 또한, 철저한 시장환경 분석을 통해서 새로운 해외 사업지 확보에도 적극적으로 나서 신규 수익 창출에도 집중할 방침이다.

3 대림의 전략과 사업구조의 변화

앞서 대림의 역사 부분에서 소개되었지만, 대림은 73년의 긴 역사 동안 많은 조직 구조상의 변화를 겪어왔다. 앞서 살펴본 대림의 역사 중에서 주요한 사업구조 및 전략의 변화만을 살펴보면 다음과 같다. 대림의 사업구조는 1947년 '대림산업주식회사'로 사명을 변경하는 대림의 창업기에서부터 다져

〈그림 II-6〉 '대림산업주식회사'로 사명 변경시 최초의 대림 로고

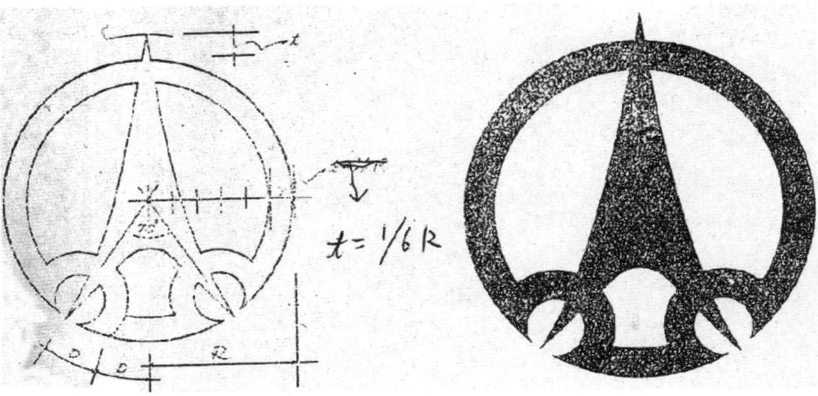

진 사업 기반인 건설업을 주축으로 오늘날까지 이어져왔다. 대림은 한국의 경제와 함께 성장하면서 국가에 필요한 기간 시설 건설에 참여함으로써 대기업으로 부상할 수 있는 기반을 마련하였다. 국가의 경제개발 계획에 따라 대림은 크게 성장하게 되었고, 1967년 〈신년도 회사 운영 방침〉의 목적으로 사업 다각화를 모색하게 되었다. 이에 따라 대림은 주력산업인 건설업에 활발히 활동하고 있는 대림산업을 지주회사로 하여 그룹체제로 전환하게 된다. 이 당시의 이미 대림은 대림산업을 중심으로 6개의 관계사와 학교 법인인 대림학원을 포함한 그룹 기업 수준을 이루고 있었다.

1974년 대림은 대림엔지니어링주식회사를 설립하여 플랜트 건설 사업에 박차를 가하게 되었고, 해외 진출도 병행하면서 비약적인 성장을 맞이하게 한다. 이러한 성장에 힘입어 대림은 1978년 대림자동차의 전신인 대림공업주식회사를 설립하여 사업을 새롭게 확장시키고, 1979년에는 호남에틸렌 공장을 인수하여 현재의 주력사업이 된 석유화학공업 사업에도 본격적으로 진출하게 된다. 1986년부터 1987년 사이에는 종합건설업체인 삼호, 고려개발을 잇달아 대림그룹으로 인수하여 국내 건설업계에서의 입지를 확장했고, 같은 시기에 오라관광 또한, 인수하여 새로운 사업분야에 진출하고자 하였다. 이로써 1967년에 계획한 사업 다각화를 실천에 옮김으로써, 주력 사업의 역량을 강화하고 동시에 신사업 분야로 진출하여 새로운 수익원을 창출하고자

〈그림 II-7〉 대림자동차공업 창원공장

하였다.

1987년에 호남에틸렌을 대림산업으로 영입하면서, 석유화학사업에도 건설사업 못지않게 투자를 많이 하였다. 이로써 현재의 대림산업의 두 축인 건설사업부와 석유화학사업부가 만들어지는 계기가 되었으며, 대림의 지속적인 수익을 가져다주는 주력 사업부로 자리 잡게 되었다. 또한, 이 시기에 대림에서는 경영 효율화 정책의 하나로 기록(record)·확인(reconfirmation)·책임(responsibility)을 주창하는 "3R 운동"을 대대적으로 추진하게 되었다. 1990년대에 들어서면서 대림은 기업문화인 "한숲정신"을 정립하고, 경영관리의 선진화를 위해 경영의 soft화·speed화·system화를 추구하는 "3S 운동"도 같이 전개하였다. 일련의 경영 혁신활동과 조직문화 정립활동 덕분에 대림은 경영에서 효율성을 추구할 수 있었고, 전사적으로 같은 기업정신을 공유하여 조직에 대한 정체성과 충성심을 재고할 수 있게 되었다. 더불어 1993년에는 2000년대를 대비하기 위해 "대림-21"을 선포하고, 인사제도와 BPR(Business Process Reengineering), 공사집행관리, 기술 지평 부문 개선을 위해 각각의 전담팀을 구성하고, 대대적인 조직 혁신 작업에 착수하였다. 조직 혁신과 더불어 대림은 지속적인 사업 확장을 추진하였는데, 1994년과 1995년에 잇달아

〈그림 II-8〉 대림 석유화학사업부 여천공장

대림 코퍼레이션과 대림 정보통신주식회사(I&S)를 설립하여 지금의 그룹체제를 갖추게 되었다.

외환위기 시절 대림은 경영의 효율화·선진화를 뛰어넘어 21세기를 준비하는 경영을 하자는 의미에서 "지식 경영" 체제를 구축하였다. 이를 통해 불안정한 환경에서도 미래를 준비할 수 있는 기술을 축적하게 되었으며, 무수한 건설업체가 도산하는 극심한 경제위기에서도 꿋꿋하게 사업을 계속 진행할 수 있는 원동력을 얻게 되었다. 오히려 대림은 위기를 기회로 삼아 새로운 경영체제를 구축하고 신성장동력을 계획함으로써, 장수기업으로 나아갈 수 있는 원동력을 얻게 되었다.

경제위기를 벗어나 2000년대에 들어서면서 대림은 고객만족관리와 품질관리를 통해서 최고의 서비스를 고객에게 전달하는 데 전력을 다하였다. 2003년 건설업계 최초로 하나로 통합된 통합문의센터인 고객문의센터(CCC: Customer Contact Center)를 운영하고 있으며, 2008년에는 VOC(Voice of Customer, 고객의 소리) 시스템을 구축하여 홈페이지에서 신속하게 고객상담이

〈그림 II-9〉 고객가치 평가 그룹 '오렌지 크리슈머'제도 운영 활동

〈그림 II-10〉 대림 고객 및 직원가족 초청 행사

〈그림 II-11〉 대림의 품질관리시스템 DQMS

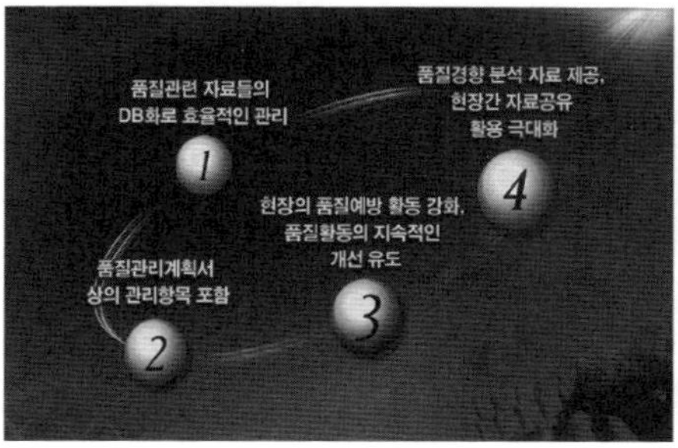

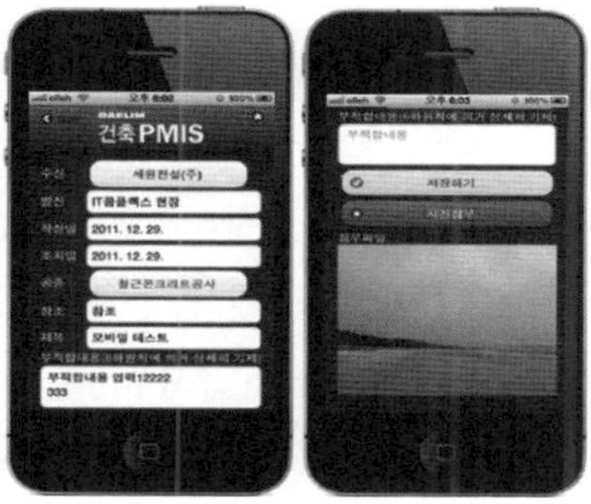

〈그림 II-12〉 e편한세상 광고: '진심이 짓는다'

이뤄지도록 하고 있다. 그리고 아파트 건축물에 대해서는 공동주택 하자보수 예약시스템, 거주자의 목소리를 가까이에서 듣는 '오렌지 크리슈머(창조적 소비자)', 다양한 품질점검 행사 등을 운영하여 철저한 A/S를 실시하고 있다. 이러한 사후 고객 만족 관리의 결과로 대림은 2010년부터 3년 연속 아파트 부문에서 '소비자가 가장 신뢰하는 브랜드 대상'을 차지하는 영광을 누렸다.

대림은 품질관리에도 지속적인 노력을 아끼지 않았는데, "고객감동의 최고품질 제품과 서비스 제공을 통하여 21세기 초일류기업으로 성장한다."는 비전 하에 품질경영체제를 도입하였다. 2006년부터 대림의 품질관리시스템인 DQMS(Daelim Quality Management System)을 운영하여 1994년에 취득한 ISO 9001 품질경영시스템에서 요구하는 품질관리 26개 항목을 모두 포함하여 효율적으로 현장의 품질관리 프로세스를 구축해나가고 있다. 또한, 해외공사가 잦기 때문에 해외에서도 운영될 수 있는 DQMS를 개발·운영 중이며, 모바일로도 품질관리시스템을 이용할 수 있도록 하였다. 대림의 품질관리는 고객에게 최상의 서비스를 제공해줄 수 있었을 뿐만 아니라, 사후에 비용이 발생하는 하자보수비를 줄이는 데에도 공헌하였다.

2009년에 들어서 대림은 친환경 녹색성장을 추구하는 시대적 요구에 부응하여 "친환경 녹색경영"을 미래경영전략으로 수립하게 된다. 앞서 언급한 대림의 친환경 녹색경영을 위한 노력은 소기의 성과를 거두고 있으며, 앞으로도 이어서 친환경 기술 개발 및 환경을 위하는 실천활동에 힘써 저에너지·저탄소 배출이라는 목표를 달성하고자 노력하고 있다. 그리고 마침내 2012년에는 앞서 말했던 "마케팅 중심의 경쟁우위 창출"이라는 새로운 전략을 수립하면서, 시장에 선제적으로 대응하고 고객만족을 최대한으로 이끌어낼 수 있는 계획으로 한국형 해상 특수 교량 기술력을 해외에 적용, 해외 플랜트분야에서의 활발한 수주, 대림의 신성장동력인 에너지 발전사업 등을 차례로 수립하였다.

4 대림의 조직문화: 한숲정신에서 '기본이 혁신이다'까지

1990년대에 한숲정신을 조직의 문화로 정립한 이래로 대림은 이 정신을 전사적으로 전파하기 위해서 많은 노력을 기울이게 되었다. 여전히 그 노력은 신입사원 채용과 교육, 승진시험 등과 같은 인사제도를 통해서 이뤄지고 있으며, 직원들의 한숲정신을 고취하기 위해 여러 방면에서 다양한 프로그램을 운영하고 있다. 이제 한숲정신은 대림을 상징하는 하나의 기업문화로 자리 잡게 되었으며, 이 정신을 통하여 대림의 직원이 하나로 단결할 수 있는 기틀을 마련하였다고 볼 수 있다.

2000년 5월에는 윤리적 경영을 중시하는 사회적 흐름과 최고경영자의 윤리경영 의지에 따라서 "윤리경영"을 선포하고, '경영진단실'이라는 윤리경영 전담부서를 독립적으로 설치하였다. 이들은 윤리경영을 전사적으로 전파하고, 준법점검, 경영진단, 정기적 실무감사를 통해 사회가 요구하는 경영의 투명성을 제고하고자 노력하고 있다. 그 예로, 대림의 한숲정신에 입각한 이념

〈그림 II-13〉 윤리경영 추진 조직

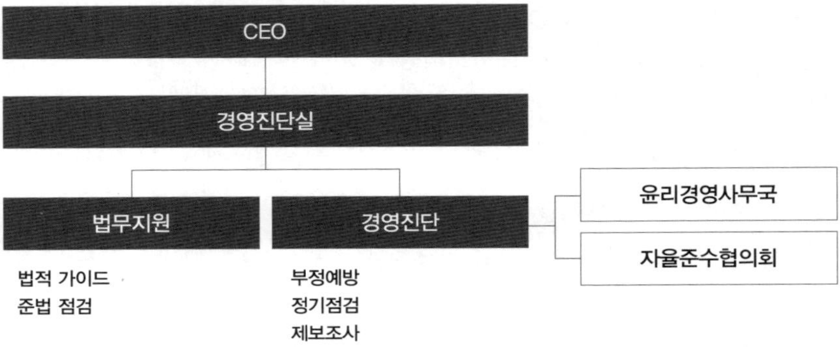

과 경영원칙을 바탕으로 윤리강령을 제정하여 '한숲 윤리이야기'라는 윤리경영 매뉴얼 속에 담아 전 임직원에게 전파하고 있다. 대림은 '윤리경영 사이버 교육강좌' 및 '사이버 윤리 상담실'을 개설하여 직원들의 윤리의식에 고취에 박차를 가하고 있다.

특히, '사이버신문고'를 설치하여 내부 직원들뿐만 아니라 협력사 및 고객과의 상거래과정에서 발생할 수 있는 불공정 거래, 부정, 비리와 같은 비윤리적 행위에 대해서 제보할 수 있도록 마련하고 있다. 이를 통해 조기에 윤리에 어긋나는 위반사항을 발견하여 미연에 방지하는 것은 물론, 향후 비윤리적 행위가 재발하지 않도록 다양한 활동을 병행하고 있다. 2004년에는 '공정거래 자율준수프로그램(compliance program)'을 도입하여 이해관계자들과의 상거래에서 공정거래 관계 법령을 준수하도록 관리하고 있다.

2011년에는 한숲정신을 바탕으로 한 '기본이 혁신이다'라는 새로운 조직문화를 내세웠다. '모든 혁신의 시작은 기본에 충실히 하는 것'이라는 믿음으로 시작된 혁신을 기반으로 하는 조직문화는 임직원뿐만 아니라 이해관계자들과의 커뮤니케이션을 기반으로 전개되었다. 일반적으로 혁신은 거창한 이론이나 전략 등을 통해서 이뤄지는 것이라고들 생각하지만, 대림은 기본을 알고 실천한다면 혁신이 완성된다고 생각하였다. 이에 따라서 기본을 핵심가치로 여겨, 기본을 통한 혁신과 지속 가능한 성장을 이끌어내기 위해 워크숍 등 대대적으로 새로운 조직문화 체화를 위해 노력하고 있다. 특히, 대림은

〈표 II-1〉 사이버신문고 운영현황과 윤리경영위반 징계현황(2011~2011년)

사이버신문고 운영현황 (2010~2011년)

구분	사이버신문고 접수 건수			
	계	조치	미결	무고
계	202건	175건 (87%)	2건 (1%)	25건 (12%)
2010년	97건	88건	-	9건
2011년	105건	87건	2건	16건

윤리경영위반 징계현황 (2010~2011년)

구분	징계 현황					
	계	면직	정직	감봉	견책	시말서
계	19건	-	-	12건 (63%)	3건 (16%)	4건 (21%)
2010년	12건	-	-	9건	-	3건
2011년	7건	-	-	3건	3건	1건

새롭게 기본에 대한 정의를 바로 잡기 위해서 회사, 본부, 각부서, 팀원, 개인에 이르는 각 수준에서 가장 기본이 무엇인지를 인터뷰하였고, 이를 통해 무엇이 기본이고 이것을 중시해야 한다는 구체적인 방향을 설정하였다. 동시에 창사 이래 처음으로 기업광고를 대대적으로 벌여 대림이 추구하는 조직문화를 홍보하는 노력을 보이기도 하였다.

대림의 '기본이 혁신이다' 기업광고는 2011년 6월에 한국경제신문과 CM 전략연구소가 공동으로 조사하여 발표한 '상반기 고객 감동 방송광고'에도 선정되는 영광을 누렸다. 조사결과, 대림의 기업광고는 상반기 그룹 PR 광고 중 선호도가 가장 높았으며, 30~40대 연령층이 특히 이 광고를 좋아했다. '기본이 혁신이다' 광고는 고 이재준 회장으로부터 내려온 경영철학인 '기본, 원칙, 약속'의 가치를 잘 표현하였다. 그리고 원칙과 약속을 존중하고 혁신의 근원이 '기본을 지키는 것'이라는 기업철학이 담겨 있다고 볼 수 있다. 따라서 이 광고는 기본을 지켜 혁신을 이룩한 대림의 기업 가치와 조직 문화를 많은 소비자에게 전달한 광고로 볼 수 있다.

또한, 대림은 다양한 사내 커뮤니케이션 채널을 마련하여, 기업과 사람, 그

〈그림 II-14〉 '기본이 혁신이다' 조직문화 함양을 위한 포스터

리고 사람과 사람 간의 의사소통을 확대할 수 있도록 하였다. 특히 2011년에는 기존의 구시대적 관행들을 타파하고, 회사 발전을 위해 자유롭게 의견개진을 할 수 있는 '한숲발언대'라는 비공개 커뮤니케이션 채널을 마련하기

〈그림 II-15〉 대림의 사내 온라인 커뮤니케이션 채널

개인차원		조직차원		
고충처리반 (비공개)	한숲톡톡 (공개)	지식경영 (공개)	한숲발언대 (비공개)	사이버신문고 (비공개)
• 개인 고충상담 • 한숲협의회 연결	• 사내 자유로운 소통	• 업무제안/개선 • 공법/기술제안	• 자기 성찰 • 관행 타파 • 회사발전을 위한 정책 제안 등	• 고발/제보 (주로 외부인 참여) • 윤리경영 제언

〈그림 II-16〉 한숲협의회 조직도

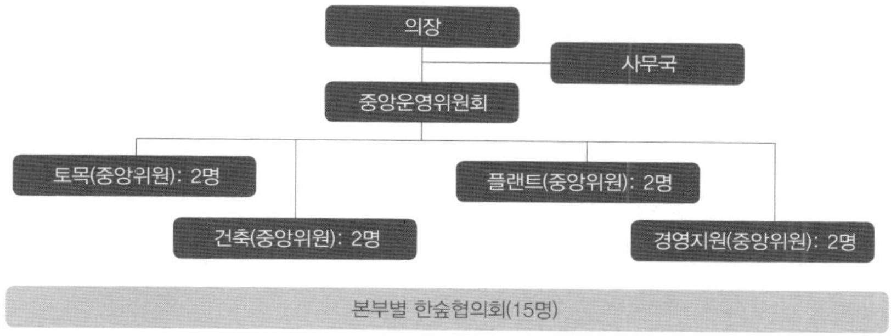

〈그림 II-17〉 한숲협의회의 기능

하나	갈등과 대립의 시대를 마치고 균형과 통합의 문화정착을 통한 모두가 하나되는 건전한 기업문화 창출
둘	자율적이고 열린 커뮤니케이션 장 구축을 통한 건전한 직원 여론의 창구 역할
셋	변화와 개혁의 주체로서 회사의 경쟁력 제고를 통한 신바람 나는 직장 만들기
넷	'일터사랑운동'과 '사회공헌활동'을 통한 상호신뢰하는 분위기 조성 및 존경받는 기업으로서 역할

도 하였다. 또한, 조직별(토목, 건축, 플랜트, 경영지원 부문별)로 2명씩 선출된 임직원들로 구성된 '한숲협의회'를 통해 시시각각 변화하는 기업환경에 능동적으로 대처하도록 운영되고 있다(그림 II-16). 이 협의회는 조직 내의 갈등을 최소화하고 건전한 기업문화를 창출 및 직원과의 원활한 커뮤니케이션 장 구축을 통한 신바람 나는 직장 문화를 조성하는 기능을 담당하고 있다. 실제로 한숲협의회는 국내 사업장을 모두 방문하여 직원들의 의견을 경청하고, 중앙운영위원회 활동을 통해서 근로자들의 복지향상과 동기부여 등에 힘쓰고 있다. 이러한 공개·비공개 커뮤니케이션 채널은 직원 간의 의사소통뿐만 아니라, 기본을 강조하는 새로운 문화 정착에 이바지하고 있다.

제 III 장

대림의 조직문화

1 한숲정신

1990년대에 이르러 대림은 창업 50주년을 맞이하여 '제2창업기'를 대외적으로 선언하고, 21세기를 이끌어나갈 대림의 조직문화를 다시 재정립하고자 하였다. 이에 따라 대림은 이재준 회장의 창업정신을 바탕으로 이어져 내려온 대림의 정신을 '한숲정신'이라 명명하였다. 1939년 창업 당시 '민족기업, 민족자본'이라는 자부심으로 설립된 부림상회에서 출발하여, 1945년 해방 후에 "독립된 조국의 부흥에 일익을 담당하고 광대 무한한 발전을 도모하자."라는 한숲정신의 기본을 다지게 된다. 이후 1947년 사명을 부림상회에서 대림산업으로 변경하고 건축사업에 진출하게 되면서 대림(大林)이라는 사명과 더불어 '한숲'이라는 말을 같이 사용하게 되었다.

"대림(大林)"의 순수한 한글 풀이인 '한숲'은 이미 사내 사보였던『사보대림』에서 쓰이고 있던 하나의 칼럼 이름이었다. 1970년대 후반기 기업 광고에 "창

〈그림 III-1〉 1967년 3월 10일에 창간된『사보 대림』창간호 표지

조의 숲·미래의 숲·인재의 숲" 등으로 대림을 나타내었고, 각종 회사 행사의 명칭에 한숲이라는 이름을 붙임으로써 기업 정신의 이름이 공공연하게 쓰여 왔다. 그만큼 대림의 사원들에게 친숙했던 이름인 '한숲'은 사원 간의 공감대를 넓혀주는 역할을 했을 뿐만 아니라, 기업 문화를 재정립하는 데에도 큰 역할을 하였다.

한숲의 '한'은 '크다·넓다·밝다·중심이다·우두머리·우주·하나다·바르다·으뜸이다·무한하다' 등 총 열 가지의 뜻을 지니고 있으며, '숲'은 풀과 나무, 그리고 덩굴이 엉켜 있는 대자연을 의미한다. 이러한 숲은 수많은 생물과 무생물을 모두 포용하고, 그 자체의 생명력으로 자신을 스스로 풍요롭게 번성시켜 나간다. 또한, 숲은 품고 있는 자연과 조화를 이루면서 그들을 키워나가는 개체의 역할도 하고 있으며, 사람들에게는 목재·동식물을 제공하기도 하고, 마음을 쉴 수 있게 하는 휴식공간을 제공하기도 한다. 따라서 '한숲'이란 지고지선(至高至善)의 상태인 풍요로운 숲·쾌적한 숲·광대 무한한 숲의 가치

〈그림 III-2〉 대림의 한숲정신

를 지니고 있는 것이다. 이러한 숲의 정신을 이어받아 대림의 기업 이념 또한, "쾌적하고 풍요로운 삶을 창출한다.", "광대 무한한 성장과 발전을 도모한다."로 정해졌다.

"쾌적하고 풍요로운 삶의 창출과 광대 무한(廣大無限)한 성장과 발전을 도모하기 위한 대장정"인 한숲이념을 바탕으로, 1990년 이를 이루기 위한 경영원칙과 한숲인상 및 행동지침을 마련하여 전사적으로 한숲정신을 이어나갈 수 있도록 하였다. "대림이라면 기문자(其文字) 두 자만 보아도 광대 무한(廣大無限)하다 아니 할 수 없다."라는 당시 사명 변경의 말은 한숲이념을 나타낸 말이며, 또한, 대림의 창업정신을 이르는 말이기도 하다. 약 70년의 긴 역사 '한숲'은 창업정신의 근본이자 대림 기업문화의 표상으로 현재까지 대림의 전 사원의 마음속 한편에 자리 잡고 있다.

그리고 한숲정신에는 이재준 회장의 인간존중을 바탕으로 한 팀웍 위주의 경영철학이 담겨 있다. 생전에 이재준 회장은 이런 말을 하셨다고 전해진다.

"아무리 힘이 장사라도 혼자서는 가래질을 하지 못하는 법이다. 가운데서 자루를 잡는 사람과 양편에서 줄을 잡는 사람이 서로 호흡이 잘 맞았을 때만이 흙이 제대로 떠지는 것이다. 조직도 마찬가지다. 어느 한 사람 똑똑하다고 그 조직이 잘 되는 것은 아니다. 여럿이 힘을 합하면 큰 산도 움직일 수 있지 않은가."

이처럼 협동과 단결을 강조하는 이 회장의 경영철학은 인사채용 때에도 발휘되었는데, 사람을 뽑을 때 학업성적이 다소 부진하더라도 성실한 사람을 더 높게 평가하여 뽑았다고 한다. 또한, 이재준 회장의 팀웍경영론은 석유파동과 IMF와 같은 위기의 순간을 이겨내는 원동력이 되었을 뿐만 아니라, 건설업체로는 유일하게 한국 100대 기업의 자리에 놓이고, 40여 년간 도급한도액 상위 10위권을 지킬 수 있게 해주는 기반이 되고 있다.

2 한숲정신 구현을 위한 경영원칙과 행동지침

대림은 제2창업의 원년이 되는 1990년 10월, 임직원·본사 각 부서 대표·그룹사 대표·신입사원 등 전사적으로 대대적인 설문 조사와 의견 수렴을 거쳐서 세 가지 경영원칙을 마련하였다. 특히 앞서 말한 "쾌적하고 풍요로운 삶을 창출하고 광대 무한한 성장과 발전을 도모한다."는 기업이념을 달성하기 위해서 실천해나갈 행동 기준으로써 경영 원칙을 다음과 같이 정하게 되었다.

첫째, 멀리 보는 경영인 '미래창조 경영', 둘째, 개체를 존중하고 성장시키는 '인간존중 경영', 셋째, 안락과 믿음을 주는 '고객신뢰 경영'이 바로 그것이다. 이렇게 세 가지 경영원칙을 바탕으로, 창립 때부터 강조해왔던 고객을 최우선시하며 고객에게 최상의 가치(기업이념에 따르면 '풍요로운 삶')를 전달하고자 하는 기업이념을 달성하기 위해 부단한 노력을 하고 있다.

세 가지 경영원칙을 정립함과 동시에, 대림의 역사와 전통을 이어나갈 대림인(한숲인)의 모습 일곱 가지와 행동 지침들도 함께 정리하였다. 한숲인의 모습은 '첫째, 멀리 내다본다, 둘째, 새로운 것을 찾는다, 셋째, 자기 일에 으

〈그림 III-3〉 대림의 경영원칙

뜸이 된다, 넷째, 팀웍를 이룬다, 다섯째, 고객을 잘 안다, 여섯째, 약속을 지킨다, 일곱째, 근검절약한다.'이다.

이러한 한숲인을 만들 구체적인 행동지침들은 다음과 같다.

① 미래를 설계한다. ② 꿈을 가꾼다. ③ 정도를 걷는다. ④ 작은 것도 크게 본다.
⑤ 안주하지 않는다. ⑥ 시도하고 실험한다. ⑦ 전문가가 된다. ⑧ 한발 앞선다.
⑨ 일을 즐긴다. ⑩ 더불어 일한다. ⑪ 정보를 공유한다. ⑫ 아끼고 이해한다.
⑬ 고객의 이익을 생각한다. ⑭ 경청한다. ⑮ 감사한다. ⑯ 시간을 지킨다.
⑰ 타인을 존중한다. ⑱ 질서를 지킨다. ⑲ 바르게 쓴다.
⑳ 아껴쓴다. 나누어 쓴다.

3 한숲정신 체화를 위한 여러 활동들 (A to Z)

새롭게 정립된 한숲정신을 체화하고자 하는 노력은 1991년 〈회장 신년사〉를 통해 밝히고 있다. "한숲정신의 구현에 앞장서 쾌적하고 풍요로운 삶을 추구하며 미래 창조·인간 존중·고객 신뢰의 경영원칙을 반드시 지켜 대림 100년사 창조라는 위업을 달성해나가자."라는 신년사 이후, 그룹 경영진을 대상으로 1차 한숲정신 워크숍을 실시하였다. 이 워크숍 이후에도 한숲정신을 체화하기 위해 대리 이하의 전 직원이 참여하는 '조조세미나', 서클 활동 등 각종 프로그램을 연차마다 시행함으로써 한숲정신을 전 직원에게 함양시킬 수 있었다. 건설 사업부에는 아예 '한숲문화추진위원회'를 따로 설치하여 이들이 한숲정신을 전파에 앞장서도록 하였다. 미래 창조·인간 존중·고객 신뢰라는 세 개의 분과로 구성된 이 위원회는 한숲정신 전파뿐만 아니라, 한숲정신이 경영에도 깃들 수 있도록 노력하는 데 이바지하였다.

그리고 『미래를 창조하는 한숲정신』이라는 소책자를 발간하여, 그룹 내 전 임직원들을 물론 업계·언론·전국 주요 도서관 등지에 배포하여 대림의 한숲정신을 널리 홍보하였다. 1991년 2월에는 한숲정신 표어 및 슬로건을 공모하고, 한숲정신 체계도가 담긴 액자를 제작하여 국내외 사업장에 게시하게 하였다. 이러한 한숲정신이라는 기업문화를 전파하고 체화시키기 위한 대림의 노력 덕분에 현재까지 대림의 대표할 만한 기업문화로써 자리 잡고 있다.

인재를 선발하고 육성하면서도 한숲정신을 빠지지 않는다. 신입사원을 채용할 때에도 앞서 말한 '한숲인 상(像)'을 구현할 수 있는 사람을 뽑으며, 이들을 대상으로 한숲정신을 기르기 위한 다양한 교육프로그램도 시행하고 있다. 대림은 전통적으로 하반기 신입사원 입문교육인 '한숲대행진'을 개최하여 한숲정신을 고취하고 있다. 한숲대행진 역시 신입사원들이 대림의 창업정신을 계승하고 이해하기 위해서 진행되었으며, 경기도의 백운산 일대를 걷고 달리며 대림 사원으로서의 일체감을 느끼기 위해서 이뤄졌다고 한다(파이낸셜 뉴스, 2012년 7월 22일). 이 밖에도 한숲정신을 함양시키기 위해서 한숲인의 밤, 대림사가 배우기와 같은 여러 가지 활동을 통해 조직원의 조직 이념에 대한 이해도와 더불어 조직에 대한 충성도를 높이고 있다.

〈그림 III-4〉 대림의 한숲인상

〈그림 III-5〉 2012년 하반기 신입사원 입문교육 중 '한숲대행진'

〈그림 III-6〉 신입사원 풍등 날리기 행사

○ 조직문화와 그 기능

조직문화(organizational culture)란 한 조직 내 구성원들이 공유하고 있는 의미시스템으로써, 그 조직을 다른 조직들과 구분해주는 역할을 한다. 즉, 조직이 중시하는 가치의 핵심적 특징들을 모아놓은 것을 조직문화라고 할 수 있다. 조직문화의 본질을 조직행동학자인 스테판 로빈스(Stephen P. Robbins)는 다음과 같이 일곱 가지로 정리하고 있다(Stephen P. Robbins, 2001: 5).

① 혁신과 위험감수(innovation and risk taking): 종업원들을 혁신적이게 하거나 혹은 위험을 감수하게끔 격려하는 정도

② 세부항목에 대한 집중(attention to detail): 종업원들에게 정확성, 분석, 세부항목에 대해 집중을 하는 것을 기대하는 정도

③ 결과 지향(outcome orientation): 경영진이 결과를 달성하는 데 사용한 기법과 과정보다는 결과와 산출물 자체에 초점을 맞추는 정도

④ 사람 지향(people orientation): 경영진이 조직 내 구성원에게 미치는 영향을 고려하여 의사결정을 하는 정도

⑤ 팀 지향(team orientation): 작업 활동이 개인보다는 팀 위주로 조직화되는 정도

⑥ 적극성(aggressiveness): 구성원들이 안이하기보다는 공격적이고 경쟁적인 정도

⑦ 안정성(stability): 조직 활동이 성장보다는 유지를 더 강조하는 정도

로빈스(2001)는 이러한 조직문화의 일곱 가지 특징이 낮은 수준에서 높은 수준까지 다양하게 나타날 수 있으며, 이 기준으로 조직을 평가하면 조직문화 전반에 대해 이해할 수 있다고 말한다. 따라서 조직문화는 한 조직 내의 구성원들이 어떠한 공통된 인식을 갖고 있는지 알려줄 뿐만 아니라, 구성원들이 앞으로 어떤 방식으로 일하고 행동해야 하는지를 알려줄 수 있는 지침서의 역할을 하게 된다.

조직문화에 관한 연구는 과거부터 오랫동안 진행되어왔고, 특히 조직문화의 효과성에 대해서 많은 학자가 의견을 내놓고 있다. 대체로 조직문화가 종

업원의 기업에 대한 이해를 증진시키고 태도를 긍정적으로 변화시키는 데에 효과가 있음을 인정하고 있다. 더 나아가 조직문화가 기업의 성과로도 이어질 수 있으며, 조직 내의 강점과 약점을 진단하고 개발하는 데 유용한 역할을 하기도 한다. 특히, 조직문화가 기업의 성과로 이어질 수 있다는 가정은 많은 학자들이 오랫동안 연구의 주제로 삼아왔다. 그중에서 바니(Barney, 1986)는 조직문화가 조직의 지속적 경쟁우위가 될 수 있는지를 논의하면서, 조직문화로부터 지속적인 경제적 성과를 얻을 수 있음을 주장하였다(Barney, 1986: 656-665).

조직문화가 어떠한 기능을 하는지에 대해서 로빈스는 자신이 쓴 책 *Organizational Behavior*에서 다음과 같이 다섯 가지로 간추려서 말하고 있다.

① 조직문화는 경계를 정의하는 역할을 한다. 즉, 조직과 타 조직을 구분해주는 역할을 한다.

② 조직 구성원들에게 정체성을 심어준다.

③ 개인적인 이익보다는 더 큰 목표에 몰입할 수 있도록 해준다.

④ 사회시스템의 안정성을 높여준다. 조직문화는 구성원들이 말하고 행동하는 것에 대한 적절한 표준을 제공함으로써, 조직을 하나로 묶어주는 역할을 한다.

⑤ 조직문화는 구성원의 행동과 태도를 형성하는 의미부여와 통제 메커니즘의 기능을 수행한다.

로빈스가 정리한 조직문화의 기능에 따라서, 조직문화는 단순히 조직의 정체성을 형성시키고 정의하는 것뿐만 아니라, 종업원의 태도와 행동을 조직이 원하는 방향대로 이끌어나갈 수 있는 추진체가 된다. 특히, 오늘날과 같이 팀이 도입되고 공식화가 줄어들며 종업원에게 권한이 위임됨에 따라서 종업원을 한 방향으로 나아갈 수 있도록 해주는 조직문화의 필요성이 더욱 대두하고 있다.

제 IV 장

대림의 인사시스템

1 인사철학

대림의 인사철학은 풍요로운 삶의 가치를 창출하기 위한 대림의 기업이념인 한숲정신에서부터 그 의미를 찾을 수 있다. 한숲의 의미를 살펴보면 우리 민족이 생각하는 지고지선(至高至善)의 상태를 의미하는 '한'과 대자연인 '숲'이 만나 풍요로운 숲·쾌적한 숲·광대 무한한 숲을 만들어낸 것이다. 대림인은 곧 한숲인이며 대림정신은 곧 한숲정신으로 쾌적함, 풍요로움, 광대 무한함을 근간으로 하는 정신적 지주가 되어왔다.

70여 년의 역사를 이어온 대림의 경영철학은 창업주인 수암 이재준 회장이 생전에 임직원에게 강조한 '근면', '성실', '창의'에 기반을 두고 있다. 어려운 여건의 현장에서 동고동락하며 공동체 의식을 갖고 일해왔기 때문에 가족적인 분위기로 인화하고 협동하는 자세가 오랜 문화로 정착되었다.

대림의 인재상은 기업이념인 한숲정신과 경영원칙인 미래창조, 인간존중,

고객신뢰를 바탕으로 마련되었으며, 이를 한숲인 상(像)이라 부른다. 한숲인 상은 다음과 같은 일곱 가지 덕목으로 구성된다. 이를 바탕으로 대림 사원들은 '한숲인'으로서의 조화로운 성장과 발전을 도모할 수 있도록 조직구성원으로 육성하고자 한다.

① 멀리 내다본다 ② 새로운 것을 찾는다. ③ 자기일에 으뜸이 된다.
④ 팀웍을 이룬다. ⑤ 고객을 잘 안다. ⑥ 약속을 지킨다. ⑦ 근검절약한다.

아울러 대림은 자신의 업무를 성실하고 지구력 있게 일을 추진해가는 사람을 선호하고, 조직 친화력을 중시한다. 자기가 맡은 일에 책임을 지고, 지위가 높아질수록 부하를 사랑하고 육성하는 역량을 강조한다. 여기에 변화하는 기업환경에 대응하여 성과를 창출하기 위해서는 각자가 '기본'을 지키고 '원칙'을 준수하며, 끊임없이 혁신해 나아가는 자세가 중요했고, 이는 대림의 인사철학에도 자연스럽게 녹아 들어갔다. 이처럼 대림에서는 창업정신을 기반으로 한 인사철학을 바탕으로 인사 정책을 실행하고 있다.

2 인적자원관리 시스템 체계

대림산업의 인적자원관리 시스템은 장기적 관점에서 임직원의 역량을 향상시키고, 이를 효과적으로 발휘하여 성과를 창출할 수 있도록 전략적 관점에서 운영되고 있으며, 선발-육성-성과관리로 이어지는 체계적인 구조로 이루어져 있다.

먼저 우수한 인력의 선발을 위해 대림산업에서는 정기공채, 인턴, 승격제도 등 다양한 방법을 활용하고 있으며 엄격한 전형을 거쳐 대림산업에 적합한 인재를 선발한다. 대림산업은 지속적인 성장을 위해 필요한 인재의 모습은 어떠한지, 회사의 문화와 특성에 적합한 인재는 누구인지 면밀히 검토하고 대림산업의 조직문화에 어울리는 사람을 확보하기 위해 노력하고 있다.

엄격한 선발 절차를 거쳐 대림산업의 일원이 되면, 체계적인 육성을 통해 최고의 건설인으로 거듭나게 된다. 특히 미래의 대림산업은 국내보다는 해외시장에서의 사업비중이 큰 글로벌 기업으로 성장해 나아가기 위한 전략 방향에 기반을 두어 해외 사업에 적합한 글로벌인재 양성에 중점을 두고 있다.

또한, 대림산업은 인사관리의 효율성을 높이기 위한 다양한 성과관리 방안을 실행하고 있다. 성과관리 프로그램을 통해 임직원 개개인의 경력 개발을 적극 지원하고 성과와 보상을 강조하는 등 개인의 성과·역량과 보상 간의 연계성을 강화하고 이를 통해 고성과에 대한 유인책도 제공하고 있다. 또한, 조직평가 결과와 개인의 업적 평가 간의 연계성을 강화하는 한편, 평가 결과에 대한 공개와 면담을 통해 평가의 공정성과 투명성을 확보하기 위한 노력을 기울이고 있다.

최근 많은 기업이 글로벌 기업에서 시행 중인 선진 인사관리 기법을 도입하여 경영 성과를 향상시키기 위해 노력하고 있지만, 조직문화와 구성원의 특성을 고려하지 않은 무분별한 도입 탓에 여러 가지 부작용이 발생하게 되어 최초 의도한 목표를 달성하지 못하고 실패하는 경우가 종종 나타나고 있다. 하지만 대림산업은 73년의 역사를 통해 확고히 정립된 조직문화와 핵심가치를 바탕으로, 구성원의 역량을 극대화하고 지속적인 미래의 성장을 이끌 수 있는 인사시스템을 구축하기 위해 끊임없이 노력해왔으며, 현재의 인사시스템은 오랜 시간의 노력과 고민이 압축된 대림산업만의 체계로 볼 수 있다.

다음에서는 인사시스템을 구성하고 있는 ① 채용, ② 교육, ③ 경력개발·승진, ④ 보상, ⑤ 평가 부문별로 세부적인 내용을 살펴보기로 한다.

〈그림 IV-1〉 대림산업의 인적자원관리 시스템 체계

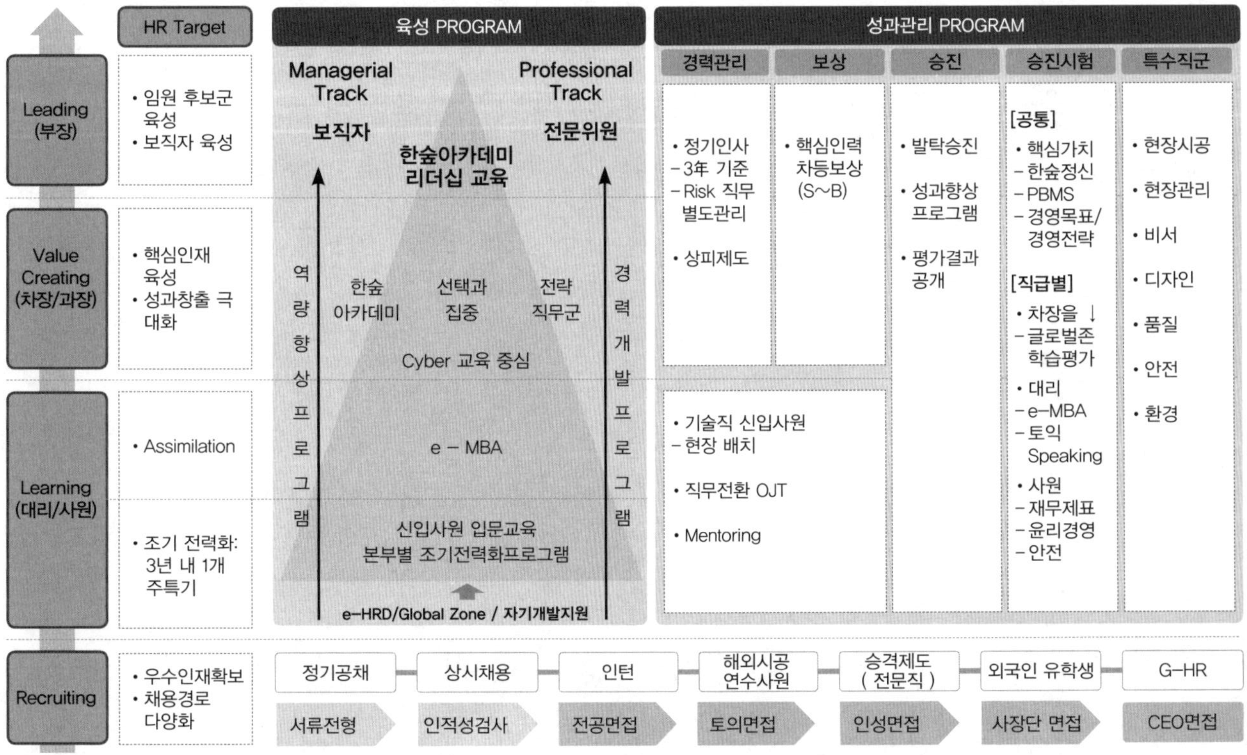

○ 인적자원관리 시스템

인적자원관리 시스템(Human Resource Management System)이란 기업 내 인재들이 역량을 최대한 발휘할 수 있도록 채용에서부터 승진까지 전반적인 인력관리 업무를 체계적으로 지원하는 시스템을 의미한다. 대림에서도 하나의 시스템으로 인적자원관리 시스템을 구축하고, 인재양성을 위해 각 직급에 따라서 차별적인 인사제도를 적용하고 있다. 이렇게 인사제도를 개별적으로 접근하는 것이 아니라, 그 제도 간의 패턴과 같은 구성형태(configuration)를 바라보는 것을 통합적 접근법이라고 말한다. 구성형태란 개별 인사제도들이 조직이념에 따라서 어우러진 하나의 인적자원관리의 집합체를 의미한다.

인사제도의 구성형태는 내적 일관성을 갖고 있으며, 하나의 방향성을 가지고 추진되어 인적자원관리 효과에서의 시너지를 창출하게 된다(배종석, 2006: 51-52). 따라서 인적자원관리 시스템의 효과성은 곧 조직의 성과로 나타나게 된다. 전략적 인적자원관리(S-HRM: Strategic Human Resource Management) 분야 연구에서는 인적자원관리 시스템과 성과 간의 관계를 밝히고자 하는 노력이 계속되었다. 연구 중에서도 인적자원관리 시스템과 성과 간의 관계를 바라보는 관점 크게 세 가지로 존재한다. 보편적 관점(universalistic perspective), 상황적 관점(contingency perspective), 그리고 형태적 관점(configurational perspective)이 바로 그것이다. 인적자원관리 시스템과 성과 간의 관계를 바라보는 세 가지 관점을 간단하게 살펴보면 다음과 같다(김성수, 2008: 189-191).

먼저, 보편적 관점은 어떤 특정한 인사제도나 특정 인적자원관리 시스템이 모든 기업에 괄목할 만한 경영성과를 가져다줄 수 있다는 가정에서 출발하고 있다. 이러한 가정은 실제 현실에서도 기업들이 기본적으로 갖고 있는 가정이며, 이 때문에 자신의 기업보다 높은 성과를 낸 기업의 인사제도를 벤치마킹(benchmarking)하고자 하는 노력으로 나타나게 된다. 이는 성과가 많이 난 기업의 제도를 최상의 제도(best practice)로 인정하고, 그들의 인사제도를 연구하여 자신의 기업에 맞게 모방하고자 하는 노력 모두 보편적 접근법으로 인사제도를 보았기 때문이라고 할 수 있다.

상황적 관점은 인사제도나 인적자원관리 시스템과 성과 간의 관계에서 다른 나라의 문화나 기업의 전략, 내부적 상황 등을 고려해야 한다는 관점이다. 이는 보편적 관점과는 대비되는 관점으로, 기업이 처한 상황적 맥락에 따라서 인사제도나 인적자원관리 시스템도 달라져야 함을 강조하고 있다. 상황적 접근법에서는 적합성(fit)의 개념을 중요하게 생각하는데, 여기에는 수직적 적합성(vertical fit)과 수평적 적합성(horizontal fit)이 있다. 수직적 적합성은 기업 전략, 문화가 특정 인사제도나 인적자원관리 시스템에 얼마나 부합하는가를 의미한다. 반면, 수평적 적합성은 변경되거나 새롭게 도입된 인사제도가 기존의 인사제도와 얼마나 잘 부합하는지를 의미한다. 특히, 수평적 적합성은 앞서 말한 인적자원관리 구성형태의 내적 일관성과도 유사한 개념으로, 수평적 적합성을 이루기 어려울수록 새로운 인사제도를 도입하는 데 시간과 비용이 많이 들게 되어 오히려 비효율적일 수 있게 된다.

마지막으로 형태적 관점은 높은 기업 성과를 가져오는 인적자원관리 시스템은 하나가 아니라 여러 가지가 있을 수 있으며, 개별 인사제도를 관찰하는 것이 아니라 일관성을 가지고 이뤄진 인적자원관리 시스템에만 논의를 맞춰서 연구를 진행하고 있다. 형태적 관점은 자원기반 관점(resource-based view)에 의해 잘 드러난다. 자원기반 관점은 기업 내의 자원이 가치가 있고, 희귀하며, 모방하기 어렵고, 대체하기 어렵다면, 기업에 지속가능한 경쟁우위를 가져다줄 수 있다고 바라보는 관점이다. 이 관점을 인적자원관리 시스템에 적용하면, 잘 짜인 인적자원관리 시스템은 타 기업이 모방하거나 대체할 수 없기 때문에 기업에 경쟁우위를 가져다줄 수 있다.

인적자원관리 시스템과 기업 성과 간의 관계는 여러 관점에서 수십 년 동안 연구되어왔으며, 여전히 연구자들이 의문을 품고 밝혀내고자 하는 주제이기도 하다. 그러나 한 가지 분명한 점은 기업이 추구하는 가치와 이념에 맞게 잘 개발된 인적자원관리 시스템은 다른 기업들로 하여금 경쟁우위를 갖게 해줄 수 있을 뿐만 아니라, 더 높은 성과를 가져다줄 수 있다는 점이다. 따라서 기업은 개별 인사제도를 새롭게 도입하거나 변경할 때, 다른 인사제도와의 일관성, 기업 전략이나 가치, 이념과의 적합성이 맞는지 신중하게 결정해야 할 것이다.

3 채용제도

1) 인재상

대림산업의 인재상은 '한숲인 상(像)'으로 '멀리 내다본다, 새로운 것을 찾는다, 자기 일에 으뜸이 된다, 팀웍를 이룬다, 고객을 잘 안다, 약속을 지킨다, 근검절약한다'로 요약될 수 있다(그림 IV-2). 외형적으로 나타나는 화려한 모습보다는 대림산업과 함께 성장해갈 수 있는 적합한 특성과 역량을 갖춘 인재가 바로 한숲인이며, 대림산업은 이러한 인재를 선발하기 위해 다양한 노력을 기울이고 있다.

〈그림 IV-2〉 대림산업의 인재상

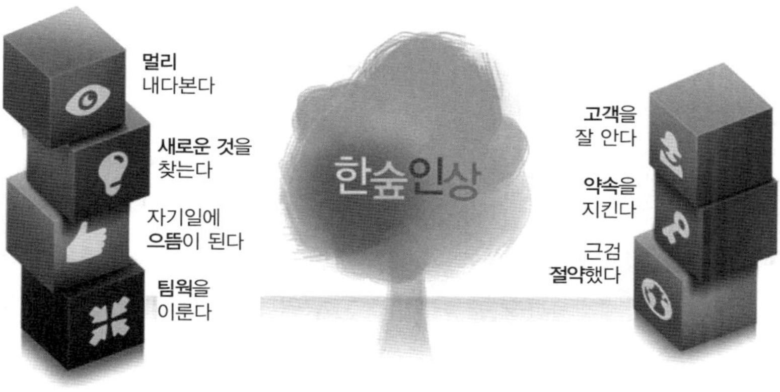

2) 선발방식

대림산업은 정기적으로 실시하는 신입사원 공채뿐만 아니라 인턴사원, 해외 시공연수사원, 경력사원, 외국인 채용과 같은 다양한 경로(channel)를 통해서 우수한 인재를 확보하고자 노력하고 있다. 신입사원 공채는 매년 상반기

〈그림 IV-3〉 신입사원 공채과정

〈그림 IV-4〉 해외 시공연수사원

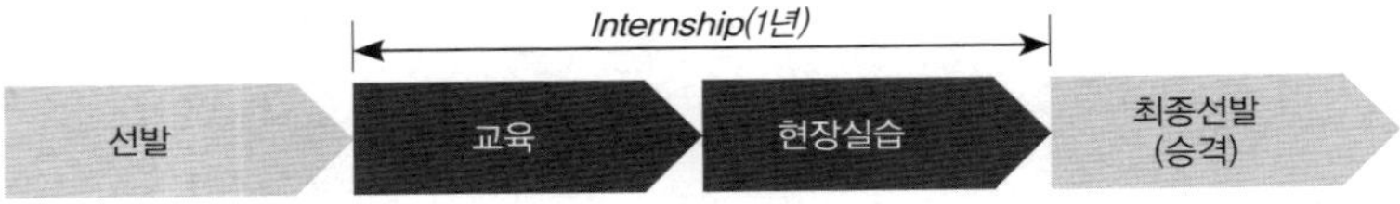

와 하반기 두 번에 걸쳐 이루어지며, 서류전형, 인적성검사, 면접 및 신체검사를 통해 최종 합격자를 선발하게 된다. 먼저 서류전형에서는 이력(biodata), 자기소개서 및 역량기술서를 토대로 지원자의 기본적인 사항과 지원 동기를 파악하게 된다. 최근에는 영어회화 능력을 서류 전형의 기초 자격 요건으로 선정하여 글로벌 시대에 필요한 어학 능력 검증을 강화하고 있다. 서류전형을 통과한 후 실시하게 되는 종합직무능력 검사는 언어, 수리 능력과 같은 기초직무능력검사, 역량검사 및 인성검사를 통해 지원자의 기본 인성과 기초적인 직무능력을 검증하고 있다. 종합직무능력검사를 통과한 합격자를 대상으로 실시하는 면접전형은 실무면접, 토의면접, 인성면접 및 사장단 면접을 실시하게 된다. 1차 면접에서는 전공지식의 이해도 및 실무응용능력을 평가하는 전공면접, 문제해결과 커뮤니케이션 및 팀웍 등의 역량을 평가하는 토의면접, 그리고 종합적인 인성을 평가하는 인성면접이 실시된다. 마지막 2차 면접에서는 PT를 통한 문제해결력 및 그룹의 핵심가치에 부합하는지를 확인하기 위한 사단장 면접을 진행한다.

대림산업은 공채 이외에도 다양한 방식으로 신입사원을 선발하고 있다. 채용 루트의 다양성을 시도하고 다양한 전공과 경험이 있는 창의적인 인재를 채용하기 위해서 4학년 1학기 재학생을 대상으로 인턴사원을 채용한다. 인턴사원을 채용할 때에는 소위 말하는 스펙(spec.: 'specification'의 줄임말, 일반적으로 취업할 때 요구되는 학벌·학점·토익 점수 등의 정량적인 평가요소를 의미한다.)에 의존하

〈그림 IV-5〉 승격 절차

기보다는, 다양한 측면을 충분히 검증한 후에 선발하며, 다양한 전공 및 경험을 보유한 숨겨진 인재들을 우선하여 선발하고 있다.

더불어 사업규모 확대에 따른 소요인력의 증가와 시공분야에서의 우수한 인력확보를 위하여 4년제 정규대학교 이상의 해당 전공분야 관련학과 기졸업자를 대상으로 해외 시공연수사원을 뽑는다. 연수사원으로 1년 동안 교육과 현장실습이 이루어지는데, 1년 뒤에 심사를 거쳐서 최종 선발 여부를 결정하게 된다.

또한, 사업의 글로벌화로 인적자원의 다양성을 확보하기 위해서 국내 대학이나 대학원에 재학 중인 외국인 유학생을 뽑기도 한다. 이들을 채용할 때에는 비자 상태와 같은 기본적인 채용요건을 충족했는지와 국적과 학력, 전공, 어학능력 등 채용할 분야에 적합한지를 검토하는 서류전형과 면접을 거쳐 최종 선발 인력을 결정한다.

반면, 현업과 프로젝트에 즉시 투입이 필요한 부족인력과 외부 전문인력을 확보하기 위해서 경력사원 채용은 수시 또는 공채형태로 채용하고 있으며, 최근 인력 수요가 급증하고 있는 해외사업과 플랜트의 전 분야에 걸쳐서 우수인력을 먼저 확보하는 데 주력하고 있다. 경력사원 채용과정은 신입사원 채용과정과 달리 종합직무능력검사를 시행하지 않고 과거 경력사항에 대한 직무경력평가로 대체하고 있다. 인사팀과 해당 본부가 공동으로 서류 심사를 통해 면접 대상자를 선발하고, 면접에서 직무역량과 인성을 평가한 후 인성검사를 실시하여 최종 합격 여부를 결정하게 된다.

앞서 특정 프로젝트의 기간 혹은 업무를 완료하는 데 필요한 기간을 지정하여 직무를 수행하는 '전문직'에 대해서는 승격제도를 마련하고 있다. 이 제도는 핵심 전문 인력 유지(retention)와 직무몰입을 통한 생산성 향상을 꾀하고자 직무 전문성과 근무성적이 우수한 전문직에 대해서 다시 일반직으로 입사시키는 일종의 승진제도라고 볼 수 있다. 전문직에 대한 인사평가 결과, 대림 근무 경력, 프로젝트 경력 등을 종합적으로 판단하여 승격 대상자를 선정하게 된다. 승격제도 역시 일정 기간의 검증과정을 거쳐 대림산업에 적합한 인재를 확보하기 위한 선발 절차이다.

마지막으로 대림산업은 글로벌 사업 수행을 위해 해외 현지 인력을 채용하고 있다. 현지인 고용을 위해 현지 사업주, 노동 관련 기관, 인력 에이전시(agency)와 협력하여 구인활동을 실시하고 있으며, 채용된 인재에 대해서는 현지 노동법에 따라서 적정 수준의 보상과 더불어 다양한 능력개발 기회를 제공하고 있다. 현지에서 채용한 인력 또한, 대림산업의 일원으로서 더불어 생활할 수 있도록 많은 관심을 기울이고 있다.

○ 대림산업의 별도직군

대림산업은 전문적인 직무를 담당하는 별도직군 제도를 시행하고 있다. 별도직군은 직무순환 없이 단일직무만을 전담하여 수행함으로써 해당 직무에 대한 전문가(skilled worker)로 육성하기 위한 목적으로 채용하고 있다. 프로젝트 전임직은 국내외의 현장 직무를 수행하며, 현장 시공, 안전, 관리, 품질, 환경을 담당하게 업무를 수행하게 된다. 또한, 기타 회사의 필요에 따라서 별도로 정한 직무를 수행하기도 한다.

현재 안전과 현장관리직군에 대해 별도직군을 운영 중이며 향후 현장시공, 품질, 환경직도 도입할 예정이다. 별도직군은 기본적으로 내부승격을 원칙으로 하고 있다. 즉, 기존 전문직 중 직무 전문성이 인정되는 인원에 한해 요구되는 역량과 인성을 보유하고 있는지 검증을 거쳐 일반직으로 전환되는 제도이다. 회사에서는 그 분야에 경험이 있는 우수인재를 확보하고 개인은 직업안정성 및 해당 직무의 전문가로 성장할 수 있는 기회를 가질 수 있다.

〈그림 IV-6〉 대림산업의 별도직군 1

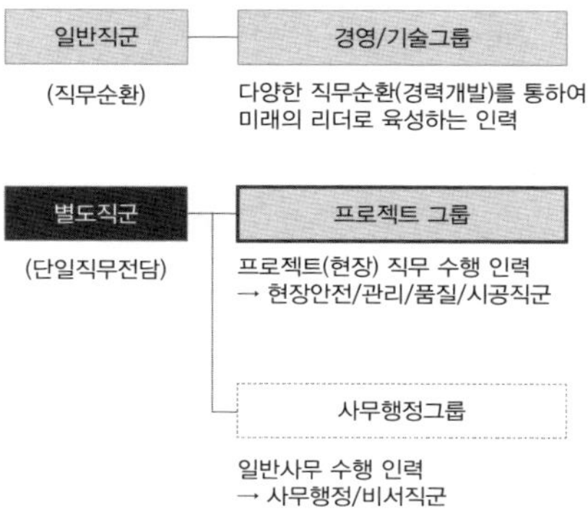

〈그림 IV-7〉 대림산업의 별도직군 2

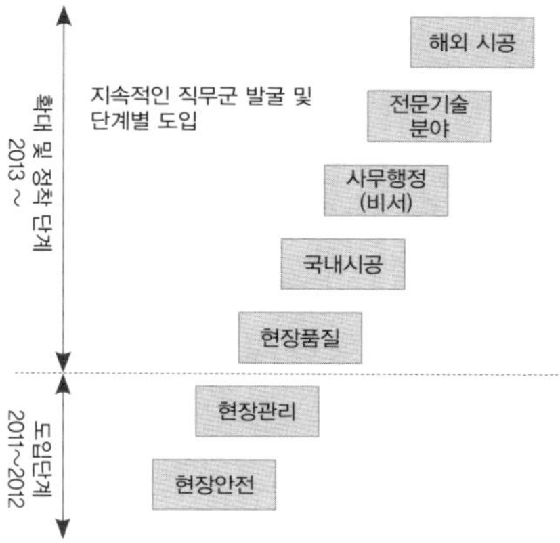

4 교육제도

1) 인재육성 시스템

대림산업은 "한숲정신이 체화된 글로벌 건설인재 육성"이라는 목표하에, 개별 직무에 따른 다양한 맞춤 교육을 제공하여 개인의 전문성을 증대시키고, 이로써 기업의 경쟁력까지 제고할 수 있는 기회를 마련하고 있으며(그림 IV-7) '자기 주도형 학습문화 정착'이라는 목표 아래 교육 이력관리, 교육계획 수립, 교육실행의 세 단계 순환과정을 통해 교육 효과를 극대화하고 있다(그림 IV-8). 먼저, 전 직원의 사이버 교육이수현황, 어학성적, 직원역량향상 프로그램 실적, 직장 내 훈련(OJT) 평가 결과 등을 바탕으로 교육관리 지원시스템을 통해서 직원들의 교육 이력을 관리하고 있다. 이러한 직원들의 교육 이력을 바탕으로 교육계획을 수립하게 되는데, 직무교육, 어학교육, 직원역량향상 프로그램, 직장 내 훈련교육으로 세분화하여 사원들이 다양한 교육을 통해서 성장할 기회를 마련해주고 있다. 주로 사이버교육과 사외·사내 교육으로 이뤄지고 있으며, 교육 후에 사원들에 대한 평가를 바탕으로 교육 이력을 다시 교육관리 지원시스템에서 관리하여 차후에 교육계획과 실행에 도움이 될 수 있도록 교육시스템이 운영되고 있다.

대림산업에서 운영하고 있는 세부적인 교육 프로그램들을 살펴보면 다음과 같다. 먼저, 공통 교육으로는 신입사원과 직무전환자들을 대상으로 하는 직장 내 훈련(OJT)과 동절기 직무교육이 있다. 그리고 직원 역량향상 프로그램으로 그룹의 핵심가치, 경영전략, 영어시험 등에 대한 결과를 승진에 반영하고 있다. 또한, 직급별로 e-MBA, 재무제표, 윤리, 안전과 같은 기업에 전반에 대한 이해도를 높이는 교육도 함께 실시하고 있다. 이외에도 대림산업은 '사이버연수원'을 운영하여 임직원들이 손쉽게 인터넷에 접속하여 교육 프로그램을 수강할 수 있도록 하고 있다. 대림산업의 임직원이라면 직무뿐만 아니라 어학, IT, 경영일반 부문 등의 다양한 사이버교육과 우편통신 콘텐츠

〈그림 IV-8〉 대림산업의 인재 육성 시스템

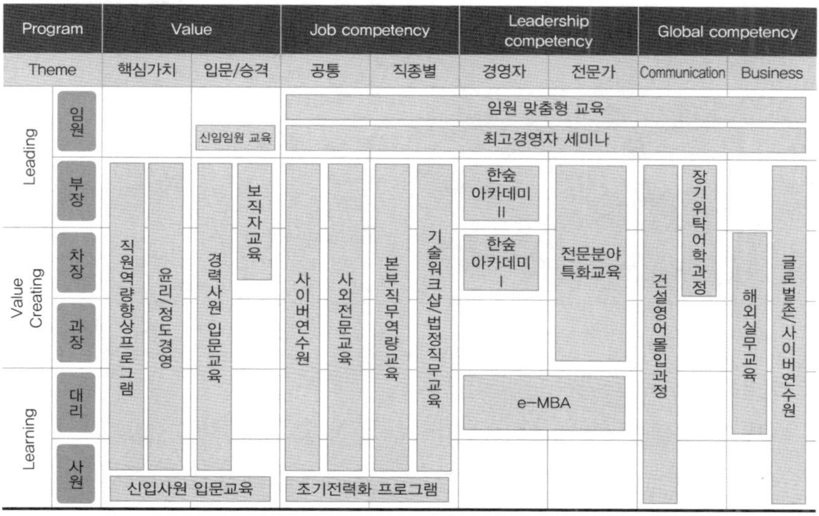

〈그림 IV-9〉 대림의 사이버교육 종류와 사원 교육체계도

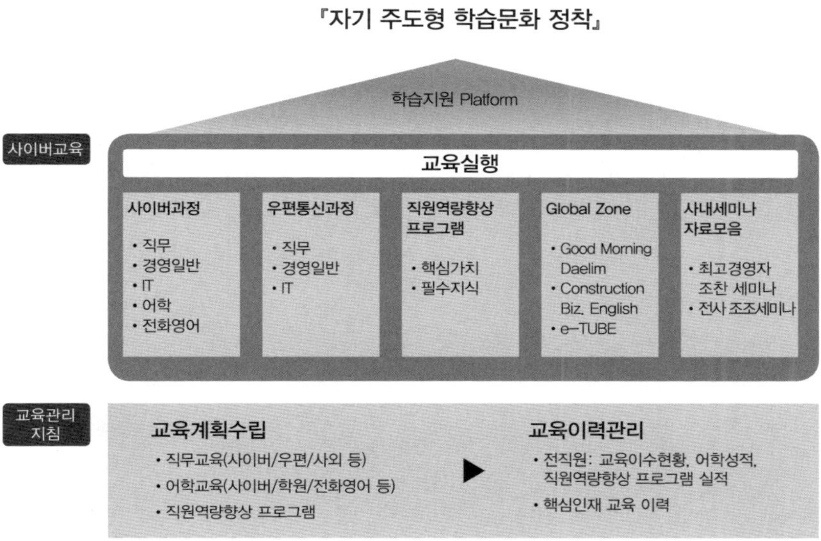

〈그림 IV-10〉 대림의 사이버연수원

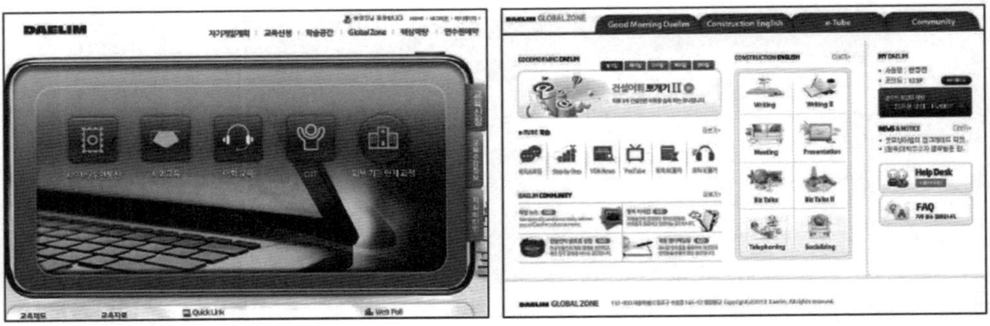

를 이용할 수 있다.

특히, 대림산업 사이버연수원에는 전 임직원이 글로벌 건설회사 직원으로서 꼭 알아야 할 필수 건설영어 학습 콘텐츠를 보급하고, 영어 자기 주도 학습을 유도하기 위해 'Global Zone'이 운영되고 있다. 지속적인 비즈니스 실용영어 학습을 위한 'Good Morning Daelim', 건설영어 학습을 위한 'Construction English', 멀티미디어 영어학습을 위한 'e-TUBE'로 구성되어 운영되고 있으며, 커뮤니티 게시판도 함께 운영하여 어학학습에 대한 질문과 해외현장경험을 공유할 수 있도록 운영하고 있다.

○ 대림의 BSC 시스템, PBMS

대림그룹은 BSC(Balanced Score Card, 균형성과표) 시스템을 자체적으로 구축하고 이를 PBMS(Performance Based Management System)라고 명명하였다(BSC 연구회, 2006: 209~247). BSC란 1990년대 초 캐플런(Rober S. Kaplan) 교수와 노턴(David P. Noton) 박사에 의해 처음 소개된 전략적 도구의 하나로, 성과를 창출하고 전략 구축과 실행을 지원하는 경영통제 시스템이라고 볼 수 있다. 대림은 BSC를 자체적으로 내부화한 성공적인 사례로 삼성경제연구소에서 발간한『한국형 BSC 성공사례 11』에서 소개되고 있다. 이 사례에 나온 내용을 바탕으로 대림의 PBMS가 무엇이고, 어떻게 구축되고 운영되고 있는지를 설명하고자 한다.

대림이 PBMS를 구축하게 된 계기는 바로 IMF 위기에서 벗어난 이후 새로운 성장 기회를 모색하기 위함이었다. 그 당시 대림은 내부 역량에 대해서 명확하게 규명하지 못했고, 전략의 방향성이 모호했다. 특히 그중에서도 효율적이고 체계적인 경영 시스템이 회사 내부에 존재하지 않아서 전략적 의사결정을 하는 데 있어서 많은 어려움을 겪고 있었다. 또한, 기존의 재무 성과에만 집중한 경영 관행은 경영환경변화에 따른 새로운 고객 가치 창출과 같은 내부의 과제를 해결하는 데 별다른 도움이 되지 못했다. 이에 따라서 대림은 전 관계사에 일관되게 적용할 수 있는 전략경영 시스템의 하나로 PBMS를 도입하게 되었다.

대림은 조직 내에서 많은 학습을 통해 PBMS의 내부화에 성공하였다는 점이 특징이라 볼 수 있다. 그룹 차원의 전략경영 시스템을 도입하기 위해 내부에서 BSC 적용 가능성을 검토하여, 2002년 5월 최종적으로 BSC를 기반으로 한 자체 성과주의 경영체계인 PBMS를 구축하기로 합의하였다. 사실 2000년에 이미 그룹 내의 2개 사가 BSC를 도입한 적이 있으나, 내부 커뮤니케이션과 경영진의 강력한 리더십이 부족하여 단순 평가도구로만 인식되고 사용된 적이 없었다. 이와 같은 경험을 바탕으로 대림은 외부의 전문가들로부터 교

〈그림 IV-11〉 PBMS의 전략적 방향성 네 가지 (『한국형 BSC 실천사례 11』: 211)

1. 재무성과 관리에서 벗어나 전략 실행의 성과를 근본적으로 뒷받침하고, 조직의 전략 방향을 명확히 도출하여 전략 실행 역량을 강화할 수 있는 경영시스템의 구현

2. 명확한 권환과 책임 이양을 통한 능동적인 운영방식

3. 약속과 신뢰에 의한 간접 관리 방식 도입

4. 조직의 역할과 책임에 적합한 균형적 성과 관리의 경영체계 구현

육과 워크숍을 개최하여 추진 방향에 대해서 면밀하게 검토하였다.

PBMS의 추진조직은 각 사의 기획부서로 결정되었으며, 기획실 내부에서 자체적으로 학습과 교육, 워크숍을 통해 PBMS 추진 방법론을 개발하여 임직원들을 대상으로 교육을 시행하였다. 이때 부분적으로 외부 전문가를 활용하기도 하였다. 그리고 경영평가 보상위원회, 관계사, PBMS 추진국인 기획실 등 PBMS 구성단위에 대한 책임과 역할을 분명히 하여, 운영에 차질이 없도록 하였다. 그룹 내 관계사인 책임경영 단위들은 관계사별로 PBMS 계획을 수립하고, 이를 CEO가 책임지게 된다. 이 계획은 그룹 기획실과 협의한 뒤에 연간 경영목표로 수립된다. 경영목표가 추진된 이후 그 결과에 대해서 최종적으로 평가위원회가 검토 및 승인을 하게 되며, 관계사에 보상을 지급하게 된다.

대림이 정의하고 있는 PBMS는 "고객의 가치를 창출하기 위해 경쟁사보다 높은 목표를 수립하고 기업가적인 전략적 의사결정을 내리며 그 실행에 필요한 활동을 체계적으로 조직하고 활동의 성과와 사전에 기대한 목표의 갭(gap)의 원인을 찾아 연속적으로 개선해가는 경영 프로세스"이다. 이러한 정의에 따라 중기 전략 계획이 반영된 3개년 연동계획(rolling plan)을 수립하였으며, 이에 따른 전략 지도(strategy map)를 작성하였다(그림 IV-12). 이 시기에 일부 회사는 아예 새롭게 비전과 전략을 수립하는 기회를 갖기도 하였다. 전

〈그림 IV-12〉 대림그룹 내 한 관계사의 전략 지도 예시(『한국형 BSC 실천사례 11』: 215)

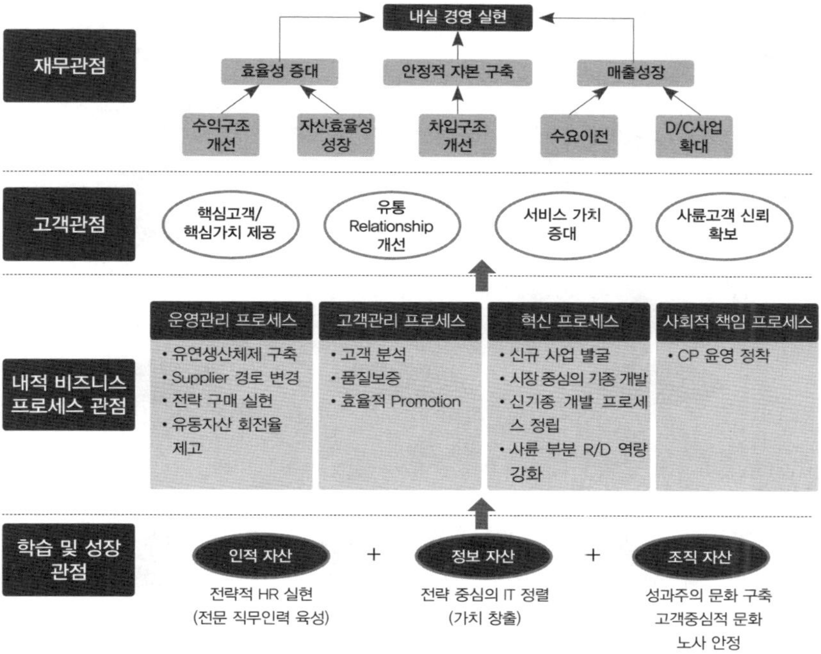

략 지도를 작성하기 위한 전략 방향성과 우선순위를 설정하기 위해 "하지 말아야 할 것이 무엇인가, 계속 유지해야 할 것이 무엇인가, 새롭게 해야 할 것이 무엇인가, 실제 성과와 기대한 목표 간의 갭을 줄일 수 있는 사업우선순위(Business Priority)인가"와 같은 판단 기준을 도입하였다. 전략 지도를 작성하는데 있어 가장 중요시한 부분은 전사가치명제(corporate value proposition)와 고객가치명제(customer value proposition)를 정의하는 것이었다. 가치명제가 수차례의 논의 끝에 정의되었고, 이에 따른 전략적 가설과 전략 지도가 인과관계에 따라 작성되었다.

확정된 전략 지도의 목표와 핵심성공요소(Critical Success Factor: CSF)에 따라서 핵심성과지표(Key Performance Indicator: KPI)들이 도출되었으며, 전략과의 연계성과 선행/후행 지표들과의 분석을 통해 핵심성과지표가 확정되었다.

〈그림 IV-13〉 KPI Sheet (『한국형 BSC 실천사례 11』: 217)

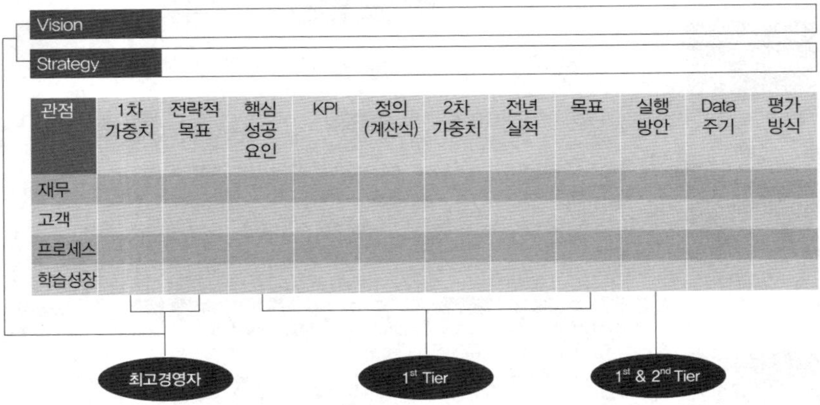

KPI Sheet를 통해서 핵심성공요소에 대한 비전, 전략적 목표, 관점별 전략목표 및 가중치, 실행 방안과 평가 등을 세부적으로 계획하고 활용하는 데 이용하였다. 특히, 핵심성과지표가 실질적으로 실행될 수 있도록 하기 위해서 구체적인 실행방안을 계획했는데, 실행 예산 내역과 기대효과까지 세부적으로 예측함으로써 가능했다.

일련의 PBMS 구축과정을 통해서 2002년 하반기에 관계사별로 전사 차원의 PBMS가 구축되어, 2003년부터 실행되어왔다. 대림은 그룹 차원의 PBMS 매뉴얼(manual)을 발간하고, 각 관계사에서는 조직별 구조와 사업 특성을 고려하여 세부적인 매뉴얼을 만들었다. 대림의 PBMS는 기획실에서 추진하였기 때문에 도입 초기에 관계사에서의 추진력이 다소 떨어졌다고 볼 수 있다. 이에 따라 기획실에서는 CEO와 같은 최고경영진의 PBMS 실행의지가 시스템의 안정적인 정착에 있어서 가장 결정적 요인으로 작용할 것으로 판단하고, 2003년 상반기 경영성과 보고회에서 PBMS를 그룹 내 공식적인 전략경영 시스템으로 선포하고 관계사 사장단의 적극적인 지원을 호소하였다.

PBMS 구축에 이어서 시스템이 조직 내부에 체화되고 안정적으로 운영될 수 있도록 다양한 프로그램을 실시하였다. 주요 프로그램을 살펴보면 다음과 같다. 먼저, 전사 전략과 연계된 하위 조직에 대한 PBMS를 구축하는 작업이

2004년부터 시작되었다. 이를 위해 사업 특성과 구조에 따른 세 가지 유형의 전략적 아키텍처(strategic architecture)가 정의되었고, 이에 따라서 조직 수준에 따라서 PBMS가 설계되었다. 더불어 전사 전략이 사업부에서 팀까지 전략 캐스케이딩(cascading) 작업이 이뤄졌으며, 사업 전략을 지원하는 지원 조직의 전략까지 수립되었다. 특히, 지원 조직의 전략을 수립할 때 사업 조직을 고객으로 인식하고, 지원 조직이 서비스 부서의 마인드를 가지도록 전환하는 데 상당한 시간이 소요되었다.

BSC 운영 프로세스를 체계화시키기 위해 연간 경영 일정과 같은 세부 일정들을 계획하였다. 관계사는 이에 따라서 기존 경영계획, 예산 수립 프로세스, 각종 보고 업무를 PBMS를 중심으로 운영하였고, 성과 검토 프로세스를 강화해나갔다. 대림은 전략 성과에 대한 자가 점검표를 작성하여 전략 성과(KPI 성과), 전략 실행 성과(실행방안 성과), 전략 역량 구축 성과에 대한 원인과 결과를 상세히 분석하고, 이를 분기별로 공유하였다. 특히, 전사 전략에 따른 사업본부별 계획 수립, 기획팀과 계획을 검토 및 확정, 이후 3개년 연동 계획(rolling plan)을 세우는 일종의 PBMS 운영과정은 자연스레 조직이 전략에 대한 학습과 공유가 이뤄지는 전략적 학습 프로세스로의 역할을 수행하였다. 그동안의 여타 기업의 BSC 추진과정에서 가장 핵심적인 성공 요인 중 하나는 바로 커뮤니케이션이었다. 대림에서도 대상, 내용, 주체, 채널별로 커뮤니케이션을 계획하여 체계적으로 시행해나가고 있다. 특히, 커뮤니케이션의 내용과 대상자에 따른 커뮤니케이션 관리 지도를 작성하여, 영역마다 가장 효과적인 커뮤니케이션 활용 방법을 대입하고 있다.

앞서 말한 바와 같이 대림은 외부 컨설팅 회사의 도움 없이 자체적으로 PBMS를 구축하여 추진하였기에, 이를 추진하는 조직의 역량을 강화시키기 위한 여러 교육이 시행되었고, 더불어 Balanced Scorecard Collaborative 사가 발간하는 *BSC Report*를 지속해서 학습하였다.

대림의 PBMS를 지원하는 프로그램 중에서도 가장 눈길을 끄는 것이 바로 PBMS CAP(Coaching for Action Program) 프로그램이다. 이는 대림에서 조직원의 PBMS 실행과 체화를 위한 프로그램을 직접 개발한 것으로, 그룹 기획

〈그림 IV-14〉 CAP 프로그램 구성체계 (『한국형 BSC 실천사례 11』: 229)

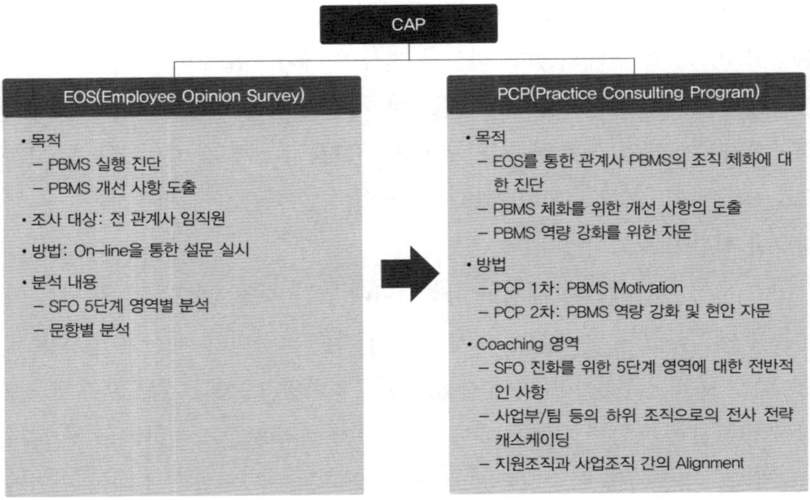

실이 주관하여 각 관계사에서 실시하고 있는 PBMS에 대한 정규점검과 자문 활동을 벌여왔다. CAP 프로그램은 먼저 EOS(Employee Opinion Survey)를 실시하여 전략 집중형 조직(SFO)의 다섯 단계 영역("최고경영진의 리더십을 통해 변화를 이끌어내는 Mobilize, 전략을 실천적 용어로 구체화하는 Translate, 전략의 전사적 정렬을 통해 시너지를 창출하는 Align, 전략을 모든 사람의 일상업무로 만드는 Motivate, 전략을 지속적인 프로세스로 만드는 Govern"으로 나뉘어 있다.)으로 이뤄진 설문 분석을 통해서 이뤄지게 된다. 온라인으로 실시된 설문 조사 분석을 통해 PBMS의 효과성을 점검하고, 더불어 현장에서 서류를 점검하고 임직원을 면담하는 방식으로 PCP(Practice Consulting Program)가 이뤄진다. EOS에서 PCP로 이뤄지는 CAP 프로그램을 통해서 조직에 체화된 정도를 파악하고, 개선방안을 점검하여 PBMS가 효과적으로 실행될 수 있도록 조치해왔다.

PBMS의 효과적이고 안정적으로 운영될 수 있도록 임직원들과 관계사에 동기부여를 주는 방법으로 대림은 PBMS의 성과와 보상을 연계하는 방식을 택하였다. 보상체계는 관계사의 특성과 노동조합의 여부, 조직 문화에 따

〈그림 IV-15〉 PBMS 성과와 보상 연계 시의 적용 원칙들

PBMS 성과와 보상 연계 시 원칙

- 일정 수준 이상의 재무성과 달성:자본 비용이 고려되어야 하며 성과급 재원이 확보되어야 함
- 성과의 판단기준은 PBMS 성과 달성 여부와 수준은 PBMS 목표 달성 여부를 기준으로 해야 하며, 성과에 대한 검토가 구체적이어야 함
- 성과급 지급은 미래의 성과 달성을 촉진하기 위한 것임
- 조직별 성과에 따른 성과급 차등은 성과향상 몰입을 위한 유효한 방법일 수 있음
- 총보상의 관점은 성과급 수준을 검토하는 데 있어 유효한 기준으로 고려되어야 함

라서 차별화된 PBMS에 따라서 보상 크기와 차등 보상 개념 적용 등이 매우 달라진다. PBMS 성과와 보상 간의 연계는 적용 대상이 정해져 있다. 특히, PBMS 정착에 결정적인 역할을 수행하는 임원의 경우에는 PBMS와 연계된 평가와 보상이 이루어지며, 일부 회사는 사업부별·팀별 집단에 따른 차등 보상, 팀장 이상에 대한 평가와 보상을 연계하는 방식으로 운영되었다. 대림에서는 PBMS를 정착하는 것을 최우선의 과제로 삼고, 일부 직원 개인에 대한 평가와 보상에 대해서도 연계하는 것을 기준과 원칙을 통해 검토하고 있다. (그림 IV-14)

대림의 PBMS는 최고경영자들의 강력한 리더십과 지원을 통해서 이뤄지고 있으며, 전사적인 전략을 실행하는 데 있어서 커뮤니케이션과 하부 조직에 대한 전략의 캐스케이딩이 잘 이뤄져 성공적으로 조직 내에 자리 잡고 있음을 보여주고 있다. 특히, 단기적으로 성과 향상과 전략 실행을 위한 BSC가 아니라, 장기적인 관점에서 학습을 통해 발전해나가는 BSC 시스템이라는 점에서 의미가 있다고 할 수 있다.

2) 신입사원 육성

대림산업에 입사한 신입사원들은 다양한 과정을 거쳐 회사를 신뢰하고 주도적으로 업무를 수행할 수 있는 한숲인으로 거듭나게 된다. 입사와 동시에 실시되는 입문교육을 통해 대림산업의 핵심가치(core value)인 한숲정신을 함양하고, 조기전력화 교육을 통해서 한숲인으로서 필요한 기본자세와 직무지식 및 실무역량을 갖추도록 하고 있다.

신입사원 입문교육은 대림그룹 공통입문교육과 각 사별 교육으로 이루어져 있으며 '회사에 대한 이해'와 '기초 역량 함양' 부문으로 구성되어 있다. '회사에 대한 이해'는 역사와 핵심가치, 사업영역과 경영, 글로벌 성장비전과 관련된 프로그램으로 구성되어 있으며, '기초 역량 함양'은 문제 해결, 커뮤니케이션, 팀웍의 세 주제로 구성되어 있다. 모든 프로그램은 인지-감성-행동의 3단계 학습과정을 통해 교육 내용을 체화할 수 있도록 운영하고 있다. 1단계는 전문가의 강의를 통해 학습해야 할 콘텐츠를 이해하는 인지적 학습, 2단계는 토론 및 워크숍을 통해 학습한 내용에 대한 의미를 공유하는 감성적 학습이 이루어진다. 마지막으로 실습 및 행동을 통해 내재화시키는 행동적 학

〈그림 IV-16〉 신입사원 교육 프로그램의 기본 구성

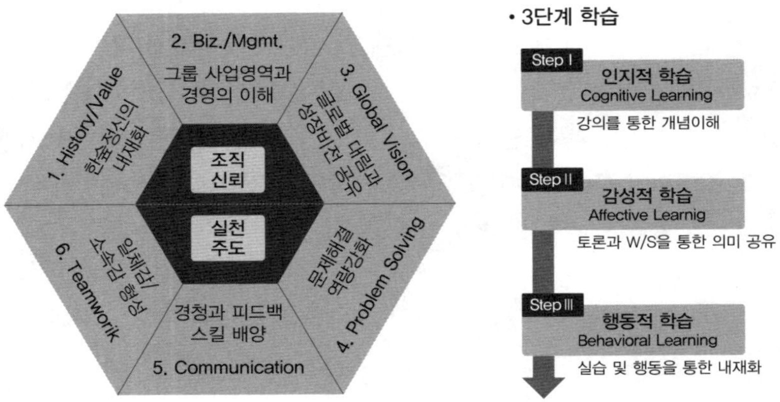

〈그림 IV-17〉 신입사원 조기전력화 교육체계

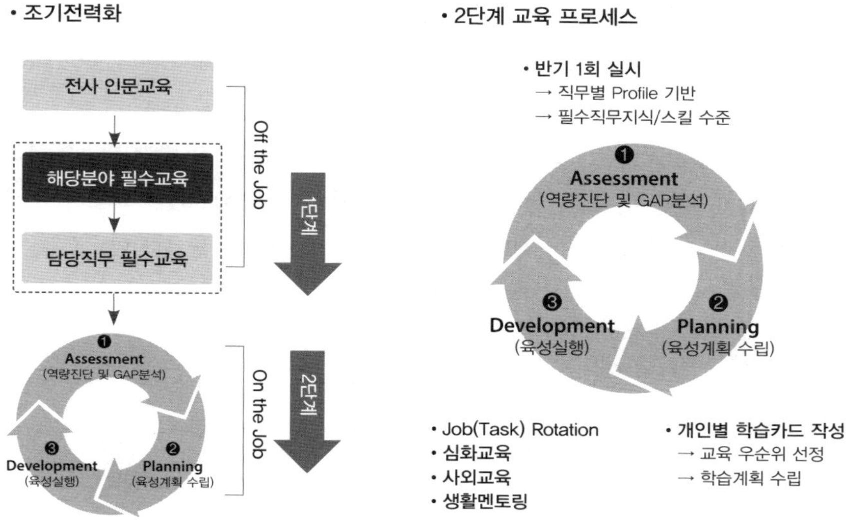

습을 통해 체화하는 세 번째 단계를 거쳐, 신입사원들은 대림의 핵심가치와 기본자세를 체화할 수 있다(그림 IV-16).

또한, 교육 시 조별 경쟁을 통해 신입사원들의 학습 동기를 고취하고, 분반 활동으로 충분한 실습기회가 이루어질 수 있도록 다양한 운영 방식을 채택하고 있다. 더불어 신입사원 각 조별 담당자를 지정하는 '지도사원 전담제'를 운영하여, 연수 중인 신입사원들의 교육과 생활 전반에 대한 지도가 가능한 운영 체계를 갖추고 있다.

입문교육이 끝나면 단기간에 실무능력을 갖춘 인재로 육성하기 위한 '조기전력화 교육'을 실시하게 된다. 더불어 신입사원들이 낯선 환경에 효과적으로 적응할 수 있도록 멘토링 제도를 운영하고 있다.

(1) 조기전력화 교육

입문 교육을 마친 신입사원들은 본격적으로 '조기전력화'를 위한 교육을 실시하게 된다. 여기에서 '조기전력화'란 조기(early)에 전력화(onboarding)한

상태를 이루는 것을 의미하며, 독자적인 실무자 수준에 도달하는 데 걸리는 기간을 단축하여 업무를 수행할 때 상사의 지휘 및 관리감독이 최소화된 상황에서 사원 독자적으로 업무를 수행할 수 있는 상태로 교육하는 것을 목표로 한다.

조기전력화 교육은 크게 두 단계로 이루어져 있는데, 첫 번째 단계에서는 각자 맡은 본부 및 직종에 해당하는 공통교육과 담당직무 필수교육을 실시하며, 두 번째 단계에서는 개인별 진단을 통한 맞춤 교육을 실시함으로써 부족한 부분에 대한 보완이 이루어지게 된다(그림 IV-17).

(2) 생활멘토링 제도

학교에서 학생의 신분으로 생활하던 신입사원들에게, 회사라는 낯선 환경은 결코 쉽게 적응할 수 있는 곳이 아니다. 환경에 적응하지 못하면 역량을 제대로 발휘하기 어렵고, 장기적 관점에서 조직에 정착할 수 없게 된다. 대림산업은 신입사원의 조직에 대한 조기적응을 돕기 위해 '생활멘토링' 제도를 운영하고 있다. 『포춘』(*Fortune*)지 500대 기업 임원 설문 결과 응답자의 77%가 "멘토링이 직원의 이직방지 및 성과향상에 도움이 되었다."고 대답할 만큼 멘토링 제도는 직원들의 안정적인 조직 정착을 통해 긍정적인 효과를 가져오는 방안이라 할 수 있다. 대림산업은 신입사원과 임원을 멘티-멘토로 매칭하여, 입사 후 1년간 조직의 조기적응을 돕는 생활멘토링 제도를 운영하고 있다. 경영진과 신입사원을 매칭하는 멘토링 제도는 타 기업에서 시행하는 멘토링 제도와는 차별적인 것이다. 회사의 경영진과 신입사원의 매칭을 통해 회사의 선배가 자신의 지식과 경험을 토대로 신입사원의 조직 적응을 지원함으로써 신속히 조직문화에 동화되어 대림산업의 구성원으로 자리매김할 수 있으며, 더불어 우수한 인재를 유지(retention)하는 효과도 얻을 수 있다.

멘토는 먼저 멘티의 직무에 대한 적응 여부와 회사 생활에 대한 만족수준 등을 파악하여 특이사항 발견 시 적절한 조언과 조치를 취해야 한다. 또한, 멘티의 강·약점, 심리상태 등 업무와 관련된 사항뿐만 아니라 생활측면의 특이점을 발견하고 지속적인 조언과 관리를 통해 신입사원이 안정적으로 적응

〈그림 IV-18〉 이색 생활 멘토링의 사례: 싸이 콘서트 동반관람

〈그림 IV-19〉 멘토-멘티 결연 프로세스

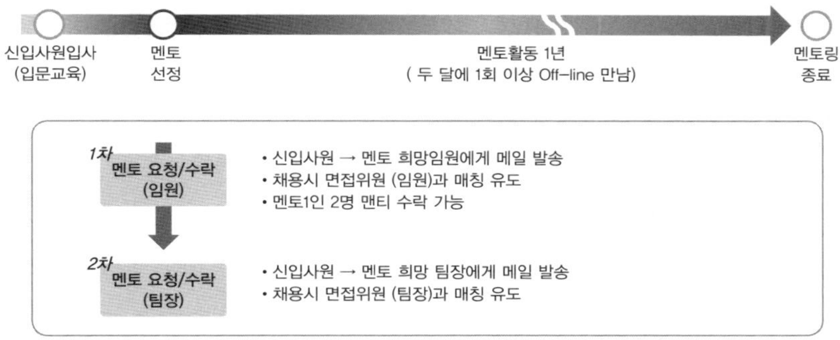

할 수 있도록 도움을 주게 된다. 그리고 인사부서에서는 멘토링 실시 현황을 지속적으로 모니터링하며 다양한 동기부여 방안을 실시함으로써 자발적이고 적극적인 참여를 유도하고 있다.

○ 멘토링의 기능과 효과

멘토링(Mentoring)이란 경험이 많은 상급자인 멘토가 멘티와 밀접한 관계를 맺고, 지원과 지도를 전적으로 해주는 기업 내 교육 제도의 하나로 많은 기업이 이용하는 인사제도 중 하나이다. 멘토링을 통해서 멘티인 신입사원이나 부하 직원들은 상급자들에게서 노하우와 조직 내의 암묵지(tacit knowledge)를 전수받을 수 있으며, 조직 내에서 관계를 형성해나가는 데에 큰 버팀목이 될 것이다.

멘토링을 연구한 크램(Kram, 1983)은 멘토링의 기능을 세 가지로 나누고 있다(Kram, 1983: 608-625) 먼저, 첫 번째 기능은 멘토링을 통한 멘티의 경력개발 기능이 있다. 멘토는 멘티에게 적극적인 후원과 지도를 통해 멘티가 조직 내에서 나아갈 방향을 제시해주고, 가끔은 도전적인 업무를 직접 부여해줌으로써 멘티의 자발적인 역량 개발이 가능하도록 해줄 수 있다. 또한, 멘토는 조직 내에 관계를 형성하기 위해 멘티를 조직원들에게 소개해주고, 좋지 않은 외부 세력으로부터 멘티를 지켜주는 역할을 하기도 한다. 이를 통해 멘티는 미래의 경력계획에 대해서 미리 멘토에게 조언을 구할 수 있으며, 멘토의 후원과 지도로 자신의 역량을 개발하여 조직 내의 승진 가능성도 높일 수 있다.

두 번째 멘토링의 기능은 멘티의 조직 내 심리 사회적 부분을 충족시키는 기능을 수행한다. 멘토는 상담자로서 멘티가 고민이 있거나 조직 내에서 힘든 일이 생겼을 때, 가까운 사이로써 고민을 들어줄 수 있다. 더 나아가 멘티의 고민을 듣고 자신이 상급자로서 해줄 수 있는 한에서 고민을 해결해줄 수도 있다. 또한, 멘티는 멘토와 긴밀한 관계를 맺으면서, 상사와의 친분을 유지할 수도 있다. 사실 조직 내에서 상사와 친분을 맺기란 쉽지 않으며, 공적인 관계일수록 더더욱 어려운 관계가 될 수밖에 없다. 그러나 멘토링이라는 사적인 만남을 통해 상사와 친분을 맺을 수 있으며, 이를 통해 멘티와 멘토 모두 신뢰를 기반으로 형성된 진정한 우정을 조직 내에서 쌓을 수 있을 것이다.

〈표 IV-1〉 멘토, 멘티, 조직 차원에서 멘토링의 효과

구분	멘토링 효과
멘티	경력계획 수립, 경력개발에 대한 지식 획득, 경력 몰입, 이직의도 감소, 관리자의 지위 접근, 조직몰입 향상, 직무만족 향상, 경력 성공 등
멘토	경력상승, 지적 능력과 정보획득, 신뢰 형성, 심리적 보상 등
조직	구성원의 통합, 이직률 감소, 관리자 계발, 관리자 계승, 생산성 향상 등

출처: Zey, M. G. 1984. The mentor connection. Homewood, IL: Irwin, p.7.

마지막 세 번째 멘토링의 기능은 역할모형 기능으로, 멘티가 멘토를 바라보며 자신이 지향해야 할 바람직한 모델로 설정하여 행동 준거의 틀로 삼는 것을 의미한다. 멘토는 조직 내에서 경험이 많은 사람이기 때문에, 조직의 규칙을 잘 알고 이에 따라 실천하는 사람일 것이다. 따라서 멘티는 멘토링을 통해 조직 내의 규칙을 이해하고, 더불어 멘토의 행동과 가치관을 보고 배우면서 조직이 궁극적으로 추구해야 할 행동을 답습하게 된다.

이러한 기능을 통해 멘토링은 멘토와 멘티, 더 나아가 조직에까지 긍정적인 영향을 줄 수 있다. 제이(Zey, 1984)는 〈표 IV-1〉과 같이 세 가지 차원에 따라 멘토링의 효과를 정리하고 있다. 먼저, 멘티의 입장에서는 멘토에게서 자신의 경력에 대한 계획을 수립할 수 있는 지식을 습득할 수 있으며, 조직과 직무에 대한 지식도 함께 얻을 수 있다. 이를 통해 경력몰입, 조직몰입이 향상될 수 있으며, 자신의 직무에도 충분히 만족할 수 있다. 멘토 또한 멘티로부터 조직에 대한 고충과 문제점을 파악할 수 있고, 남을 도와줌으로써 얻는 심리적 보상도 얻을 수 있을 것이다. 더불어 조직에는 구성원 간의 의사소통을 원활하게 하여 서로 간의 협동심을 길러줄 수 있고, 조직 내 구성원의 만족감을 높여 이직률을 줄이고 생산성이 향상되는 이득까지 얻을 수 있다.

3) 경력사원과 직무 전환자에 대한 교육

대림산업은 입사 1년 미만의 경력사원을 대상으로 회사에 대한 이해를 증진시키고 조직에 안정적으로 정착할 수 있도록 입문교육을 실시하고 있다(그림 IV-20). 입문교육을 통해 대림산업의 경영철학과 핵심가치인 한숲정신을 체화하고, 회사의 경영전략 및 비전을 공유하며, 사내 제도와 규정에 대해 이해하게 된다. 신입사원처럼 경력사원도 낯선 환경에 안정적으로 정착할 수 있도록 조직차원의 관심을 기울이는 것이다.

또한, 직무 전환자를 대상으로 전환배치에 따른 조직적응과 실무수행능력을 향상시키기 위한 직장 내 훈련(OJT)도 실시하고 있다. 직무전환자는 부서발령 직후 3개월 동안 신규 배치 부서장의 주도로 OJT 계획을 수립하여 실시하며, 지도사원이 배정되어 OJT 효과를 향상시키기 위한 관리를 하게 된다. OJT 실시과정에서 지도사원과 부서장은 직무 전환자를 평가하게 되며, 직무 전환자의 OJT가 정상적으로 수료되지 못했을 때 부서장은 당 해년의 인사고과에 불이익을 받게 된다. 학습자인 직무 전환자는 다시 OJT를 실시하도록 하는 등 철저한 관리를 통해 직무전환자의 직무역량 향상을 유도하고 있다.

〈그림 IV-20〉 경력사원 입문교육 주요 내용

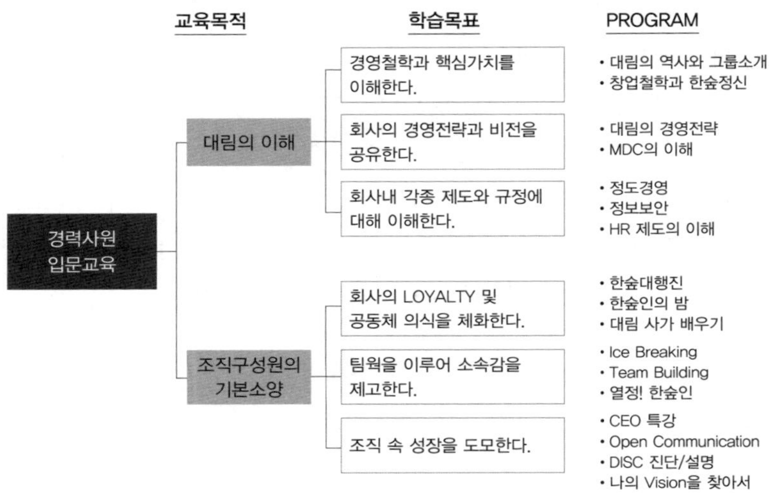

경력사원의 조직 적응

최근 기업체에서도 신입사원보다는 경력사원을 위주의 채용을 단행하고 있다. 삼성경제연구소에서 조사한 바에 따르면 신규 입사자 10명 중 4명이 경력사원일 정도로 경력사원에 대한 선호가 매우 높다. 대한상공회의소에서 2011년 11월에 조사한 바로는 기업체에서 경력직을 활용하는 가장 큰 이유는 신입사원 대비 높은 생산성이 그 원인인 것으로 나타났다. 그리고 최근 세계 불황과도 맞물려 앞으로 저성장 추세가 계속되면 경력사원 채용이 지금보다 더 확대될 것으로 전망하고 있다.

하지만 대부분 기업의 신규 사원에 대한 관심과 정책은 모두 신입사원에게만 집중되어 있기 때문에, 경력사원에게는 이렇다 할 관심을 내보이지 않고 있다. 그러나 신입사원만큼이나 경력사원들도 조직 적응에 애로 사항이 많고, 신입사원보다 경력사원의 조직 적응 실패로 인한 이직 가능성도 더 높은 것으로 조사된 바 있다. 따라서 경력사원이 성공적으로 회사에 조기 정착할 수 있도록 기업 입장에서도 대책을 마련해야 할 것이다.

삼성경제연구소에서 연구한 자료에 따르면, 경력사원의 조기정착이 실패한 이유는 경력사원의 회사에 대한 기대와 회사의 경력사원에 대한 인식이 다르기 때문인 것으로 나타났다. 이를 세 가지로 나눠서 살펴볼 수 있다. 먼저 직무 차원에서 살펴보면, 경력사원은 회사가 자의적으로 경력과 무관한 직무에 배치했기 때문에 성과를 내기 어렵다고 하소연한다. 그러나 회사 입장에서는 경력사원이 스펙만 우수할 뿐 실제 업무 결과는 기대에 미치지 못한다는 인식을 갖고 있었다. 두 번째, 휴먼 네트워크 차원에서 경력사원은 기존 사원들이 자신을 경계하여 조직 내에서 인간관계를 맺기가 어렵다고 하는 반면에, 회사는 경력사원들이 동료들에게 소극적이고 수동적인 자세로 일관하고 있다고 지적하고 있다. 마지막 셋째, 조직문화 차원에서 살펴보면, 경력사원은 회사의 업무 프로세스나 시스템 등에 대한 지식이 부족하다고 하는 반면, 회사는 경력사원이 자신의 직무에만 관심이 있을 뿐 회사 자체에 대

〈그림 IV-21〉 경력사원의 성공적인 정착을 위한 세 가지 해결방안

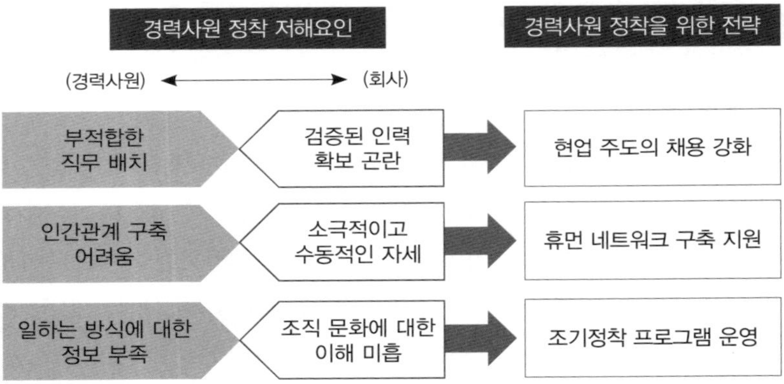

자료: 고현철·진현·서의정·서형택, 2012: 11

한 소속감은 전혀 없다고 비판하고 있다.

연구자들은 경력사원과 회사의 인식 차이 각각에 대해서 경력사원의 성공적인 정착을 위한 세 가지 해결방안을 내놓고 있다. 먼저, 직무차원에서는 필요로 하는 현업 주도의 채용을 강화하여 경력사원의 직무 적합성을 제고할 필요가 있다. 인간관계 측면에서는 비공식 조직을 통한 휴먼 네트워크 형성을 지원한다. 마지막으로 조직문화 측면에서는 입사 전부터 정착까지의 강력한 조기정착 프로그램을 운영한다. 이러한 방안들을 통해 기업은 경력사원의 조직 적응을 돕고, 한편으로는 경력사원의 역량을 조직에서 제대로 발휘되어 성과에 반영될 수 있도록 노력해야 할 것이다.

4) 핵심인재 및 글로벌 인재 육성전략

(1) 핵심인재 육성전략

대림산업의 핵심인재 육성 체계는 조직의 리더를 육성하는 'Managerial Track'과 전략분야의 전문가를 육성하는 'Professional Track'으로 나뉜다. 앞서 살펴본 바와 같이, 대림산업의 임직원은 경력 탐색 기간 동안 다양한 직무를 수행하며 본인의 경력목표 설정을 위한 다양한 경험을 하게 된다. 경력 탐색을 마치고 중간 관리자 직급이 되면 경영자(managerial track)로 육성될지, 또는 특정 직무 분야의 전문가(professional track)로 육성될지를 결정하게 된다.

회사의 경영자로 육성될 인재 풀(Pool)은 다양한 요소의 평가를 통해 선발되며, 선발된 후에도 체계적인 관리를 통해 육성·관리된다. 반면 전문가로 육성될 인재 풀(Pool)은 직무를 기반으로 선발이 이루어지게 된다. 장기적 관점의 회사 경쟁력 강화를 위한 핵심직무를 선정하고, 이 직무를 수행하기 위한 필수 역량을 파악 후 부족역량에 대한 체계적인 육성을 통해 전문가로 성장하게 되는 것이다.

대림산업의 핵심인재 육성 프로그램을 더 자세히 살펴보면 다음과 같다. 먼저 조직의 리더를 육성하기 위한 교육 프로그램으로 '한숲아카데미'라는 교육과정을 실시하고 있다. 한숲아카데미는 차장급 핵심인재를 대상으로 하는 '한숲아카데미 I'과 보직자와 임원을 대상으로 하는 '한숲아카데미 II' 과정으로 구분된다. 교육대상자는 인사평가 결과 이외에 직무경력, 잠재역량, 조직에 대한 기여 활동 등 다양한 요소를 기준으로 우수 인재를 선발하게 된다.

한숲아카데미 I은 전략, 마케팅, 재무, 인사조직, 회계과정에 대하여 온-오프라인 교육을 복합적으로(blended) 진행하게 된다. 온라인으로 사전 학습을 진행 후 집합교육을 통해 심화 워크숍, 온라인 강의 랩 업(Wrap-up), 케이스 스터디(Case-study)가 시행되며, 조별 과제 수행 결과에 대한 평가를 실시하게 된다. 한숲아카데미 II 과정은 최고 수준의 석학을 초빙하여 미래의 관리자로서 필요한 전략, 마케팅, 인사관리, 재무과정에 대한 전문적인 경영 지식을

〈그림 IV-22〉 핵심인재 교육 중 하나인 '한숲 아카데미'의 내용

	선발	본과정	수료
한숲아카데미 I	• 보직자 후보군 중 선발 (차장급)	• Action Learning • Contetns/Process Mentoring	• 학습태도, 프로세스, 과정평가 결과를 종합 고려한 수료 결정
한숲아카데미 II	• 보직자 중 선발	• Case MBA(전략/마케팅/재무/HR) • Group Project • 대학 교수진 연계	• 과정평가 및 Group Project 결과를 종합 고려한 수료 결정

학습한다. 학습한 내용을 토대로 그룹 프로젝트(group project)를 수행하여 결과에 대한 평가를 받게 된다. 그룹 프로젝트 수행과정에서 각 과목별 지도임원이 과제 선정 및 최종 평가과정에 관여하여 프로젝트 완성도 향상을 위한 지도·평가를 실시하게 된다.

(2) 글로벌 인재 육성전략

국내외 대형 건설기업들은 자국시장에서의 성장 한계로 인해 해외시장으로의 진출을 추진하고 있으며, 글로벌 건설시장의 규모는 지속해서 성장할 것으로 예상하고 있다. 대림산업 또한, 글로벌 시장을 무대로 활발한 사업을 진행하고 있다. 대림산업이 해외에서 창출해내는 수익의 비중은 2012년 회사 전체 수익의 50%를 넘어섰으며, 앞으로 그 비중은 더욱 확대될 전망이다. 이처럼 글로벌 기업으로 성장해가고 있는 대림산업의 현실을 고려할 때, 해외에서 마음껏 자신의 역량을 발휘하여 성과를 창출할 수 있는 글로벌 인재가 매우 필요한 실정이다. 글로벌 인재를 양성하기 위해 대림산업은 개인의 자율적인 학습 지원과 더불어 회사 차원의 제도적인 지원을 시행하고 있다.

개인의 자율적인 학습을 장려하기 위해 사이버 어학교육을 수강할 수 있도록 하고, 오프라인 학습을 위한 교육비를 지원한다. 또한, 사이버연수원 상의 'Global Zone(글로벌 존)'을 상시로 운영하여 건설 및 비즈니스 영어를 언제 어디서든 자유롭게 학습할 수 있는 시스템을 지원하고 있다. 이처럼 임직

〈그림 IV-23〉 대림의 글로벌 전문가 육성정책

자율형 학습 지원	Business English SkillUp 과정	해외건설 영어 몰입 과정
건설영어 학습 홈페이지, 전화/화상 외국어 교육, 사외 어학원, 강사 초빙교육비용 지원 등을 통하여 임직원의 글로벌 역량 향상	영어 Meeting, Presentation, Negotiation 등의 전문강사를 초빙하여 소그룹 형식의 집중 교육으로 글로벌 사업 역량을 배양	연수원(수암원)에서 합숙으로 이루어지는 건설영어 특화 과정으로 해외 현장 부임후 원활한 업무 수행할 수 있는 역량을 배양

〈그림 IV-24〉 건설영어 몰입 과정

원 개개인이 자율적으로 글로벌 역량을 갖출 수 있는 학습 인프라를 구축하고 있다.

자율적 학습과 더불어, 회사 차원의 제도적 지원을 통한 집중 육성도 시행하고 있다. 먼저 'Business English Skill Up(비지니스 잉글리시 스킬 업) 과정'과 '해외건설 영어몰입과정'을 통해서 해외 현장과 타국의 회사와의 프로젝트를 수행하는 데 필요한 영어를 집중적으로 학습하여, 임직원의 글로벌 능력을 향상시키는 데 주력하고 있다. 특히, 해외 직장 내 훈련(OJT) 대상자 혹은 해외 육성 대상자들을 교육하는 '건설 영어 몰입 과정'은 해외에서 사용되는 비즈니스 커뮤니케이션 역량을 향상시키고, 해외에서 활동할 수 있는 인력을 확보하고자 시행하고 있다. 보통 그룹 연수원에서 2주에 걸쳐 진행하며 비즈니스 협상, 프레젠테이션 등에 사용되는 건설 영어 회화(construction speaking) 과정과 비즈니스 문서 작성을 학습하는 건설 영어 작문(construction writing) 과정으로 이뤄져 있다.

이처럼 대림산업은 개인의 자율적 학습과 회사 차원의 제도적 지원을 통해 임직원이 글로벌 역량을 갖출 수 있도록 육성하고 있으며, 육성 효과에 대한 평가와 관리를 통해 육성 효과가 지속될 수 있도록 노력하고 있다.

5 경력개발 · 승진제도

1) 경력개발 프로그램

대림산업은 전 직원들의 역량을 육성시키고 전문성을 강화시키기 위해서 경력개발 프로그램(Career Development Program: CDP)도 함께 운영하고 있다. 경력개발 프로그램 운영의 틀은 대림이 인재육성 시스템에서 제시하고 있는 직급에 따르고 있다. 대림산업의 직급은 사원부터 시작해서 대리, 과장, 차장, 부장의 순인데 차장부터는 경력에 따라서 갑과 을로 세분하여 구분하고 있다(그림 IV-24).

대림산업은 경력개발 프로그램의 원활한 운영과 사원들에게 경력에 대한 목표를 제시해주기 위해, 기간과 전문성에 따라서 세 단계로 교육 대상자의 단계를 나누고 있다. 먼저 사원 및 대리직급에서는 기간과 전문성이 가장 낮은 '탐색단계'로써, 2~3개의 직무를 경험하여 직원 개인이 희망하는 경력목표를 탐색하고 결정하는 단계로 설정하고 있다. 두 번째 단계인 '개발단계'는 차장과 부장직급이 해당하며, 두 개에서 네 개까지 관련성이 높은 직무들에

〈그림 IV-25〉 각 직급에 따른 경력개발 프로그램의 구조(Frame)

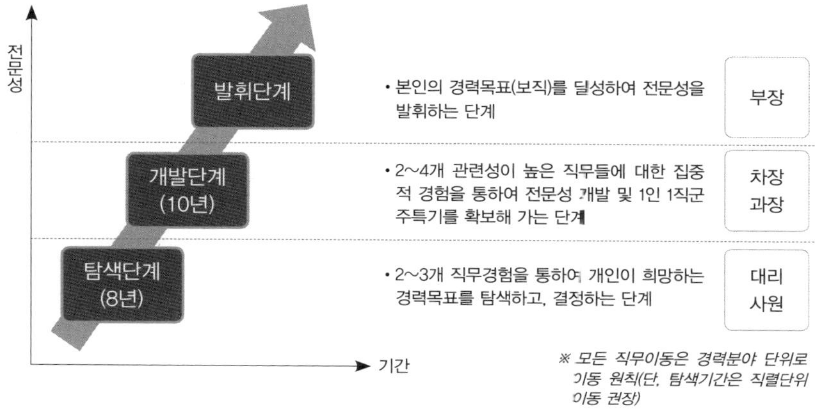

대해 집중적으로 경험하고, 이를 통해 전문성을 개발하고 1인 1직군이라는 주특기를 확보해나가는 단계를 의미한다. 마지막 단계인 '발휘단계'는 부장 직급 이상에 해당하는 단계로, 전문성과 회사 내에서의 경력이 많이 쌓인 직원 본인이 가지고 있는 경력목표를 달성하여 전문성을 발휘하는 단계를 의미한다. 대림산업의 모든 직무이동은 경력분야 단위를 원칙으로 이동되며, 단 사원 및 대리직급에 해당하는 탐색기간에는 직렬단위의 이동이 권장되고 있다.

대림산업이 설정한 교육 대상자의 단계, 즉 교육 대상자의 전문성과 경력에 따라서 경력개발 프로그램이 적용되어 관리되고 있다. 먼저 직원 개인이 희망목표를 선택하는 것에서부터 경력개발 프로그램이 진행된다. 이때 인사팀에서는 개인의 직무적성 및 역량의 강·약점을 파악할 수 있는 진단 서비스를 제공하여, 직원 개인에게 가장 적합하다고 생각하는 경력목표를 추천해주고 있다. 그 다음으로는 직원이 인사팀에서 받은 진단 서비스를 바탕으로 선택한 목표를 위한 개발계획을 수립하게 된다. 이 시기에도 인사팀에서는 선택한 경력목표 달성을 위해서 필요한 직무 경력을 추천해주고, 그뿐만 아니라 가장 바람직한 경력 경로(career path)를 추천하여 경력개발계획을 수립하는 데 도움을 주고 있다. 특히, 직원이 희망목표와 개발계획을 수립하는 시기

<그림 IV-26> 경력개발제도 활성화 방안

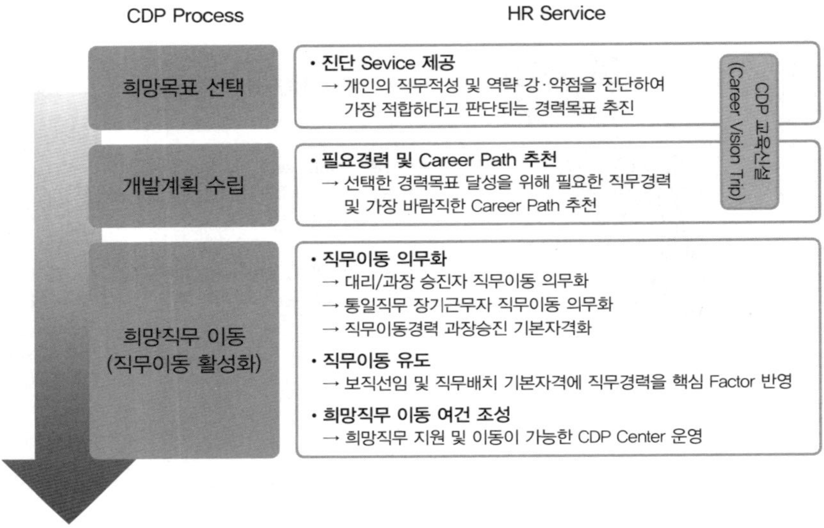

에 심도 있는 면담을 통해 직원 자신이 경력에 대해서 생각할 수 있도록 좀 더 근본적인 도움을 제공하고 있다.

경력개발계획을 수립한 뒤에는 직무이동 활성화를 위해 직원이 희망한 희망직무로 이동하게 된다. 직무이동이 원활하게 이뤄지도록 하기 위해 인사팀에서는 대리 혹은 과장 직급으로 승진한 직원들과 동일직무에 장기근무하는 직원들의 직무이동을 실시함과 더불어, 보직선임 및 직무배치의 기본 자격에 직무경력을 핵심 요소로 반영함으로써 직원들의 적극적인 직무이동을 유도하고, 희망직무에 지원 및 이동이 용이하도록 지원하고 있다.

이로써 대림산업은 경력개발 프로그램을 통해 직원들이 직장 내에서 자신의 경력을 어떻게 쌓아가야 좋을지에 대해 조언을 해줌으로써, 직원들의 성장 욕구에 대한 동기부여를 심어주게 된다. 한편, 조직은 직무 순환을 통해 더 나은 조직성과를 얻을 수 있을 뿐만 아니라, 사원 및 대리직급에 해당되는 탐색단계에서부터 직무에 대한 전문성을 쌓아온 인재들을 보유할 수 있게 된다.

2) 경력관리

대림산업은 임직원의 경력개발(CDP)을 체계적으로 관리하고 있다. 체계적인 경력개발 관리를 위해 직원의 보직에 있어서 다음과 같은 원칙을 가진다. 첫째, 적재적소의 원칙으로 각 직무의 소요자격요건을 면밀히 파악하여 가장 적합한 자질을 구비한 자를 보직한다. 이를 위해 다양한 방면으로 직무별 자격요건을 설정하여 선/후행 직무에 대한 정보를 공개하고 있으며, 개인별 직무경력에 대한 이력관리를 하고 있다. 둘째, 기회균등의 원칙으로 모든 직원은 각자의 자질에 적합한 직무에 보직될 기회가 균등하게 부여되어야 한다. 따라서 과장 이하 직원들은 직무별 의무순환제도를 통하여 다양한 직무를 경험할 수 있다. 셋째, 욕구충족의 원칙으로 모든 직원은 가능한 각자의 욕구가 충족되어 개인의 안정과 발전이 보장될 수 있도록 보직되어야 한다. 이를 위해 HR부서에서는 수시 배치면담 및 연 2회의 희망직무 설문조사를 통해 본인의 의사가 경력개발의 각 단계에서 반영될 수 있도록 하고 있다. 끝으로 자질실증의 원칙으로 보직된 모든 직원의 자질은 객관적으로 타당하게 입증되어야 한다. 따라서 보직자 발령의 경우, 선행 수행직무 경력 및 인사평가(리더십) 등을 통해 최소자격 요건을 설정하고 있으며, 해외발령자는 어학수준과 이질적인 문화에 대한 수용성과 대인관계에 대한 성격유형을 충분히 감안하여 선발하고 있다.

인력의 배치는 인력수급계획과 본인의 역량 및 희망경력 개발경로 등을 충분히 감안하여 모든 직원이 경쟁력있는 자원으로 성장할 수 있도록 운영하고 있다.

리스크 모니터링(risk monitoring) 직무를 사례로 들면, 담당하는 직원들의 직무 전환배치를 통해 윤리경영관리체계를 구축하기 위해 '정기인사'를 단행하고 있다. 리스크 모니터링 직무 담당자와 동일직무를 3년 이상 수행한 직원들을 대상으로 직무전환이 이뤄지게 된다. 의무전환 대상자는 리스크 모니터링 직무를 수행하는 담당자이며, 모든 직급을 아울러 3년 이상 동일 직무를 수행한 자를 대상으로 직무전환을 실시한다. 반면, 자율전환 대상자는 본인이 직무전환을 희망하거나 보직자의 추천으로 면담과 직무 적합성을 종합적으로 고려해 선정하게 된다. 자율적으로 직무전환을 희망하는 직원에게도 3년 이상 동일 직무를 수행한 경험이 있어야 하며, 차장(을) 직급 이하만을 원칙적으로 선발하고 있다. 다만, 필요시에 그 이상의 직급에서도 직무전환을 원한다면 자율전환 대상자에 포함될 수 있다.

또한, 주요 직무 수행자가 장기적으로 동행근무를 함으로써 발생할 수 있는 도덕적 해이(moral hazard)를 방지하고, 예방적 윤리경영체계를 구축하기 위해 '상피제도'를 실시하고 있다. 상피제도가 적용되는 직원들은 본사 팀장 및 기타 보직자와 현장 주요 직무자(현장소장, 총무, 공무, 회계담당 관리 직원)이다. 현장 주요 직무자 이외의 본사의 보직자들은 보직 발령 시에 수시로 상피 사항을 검토받게 된다. 이로써 대림은 조직 내의 근무태만을 사전에 방지하고, 업무의 결과뿐만 아니라 업무의 과정까지도 관리할 수 있게 되었다.

3) 승진제도

대림산업이 운영하고 있는 승진제도는 크게 발탁승진과 정기승진으로 구분할 수 있다. 먼저 '발탁승진'은 우수 인력을 조기에 발탁, 승진시켜 상위 직무를 부여함으로써, 지속적인 성과창출에 대해 동기부여를 시키기 위해서 운영되고 있는 승진제도 중 하나이다. 일반직 전 임직원을 대상으로 시행되는 이 제도는 급변하는 기업환경에 능동적으로 대처하려는 목적을 갖고 시행되고 있다. 조기에 우수 인력을 승진시키는 발탁승진제도를 통해 우수 인재는 특정 직무에 전문성을 갖춘 인재로 성장할 수 있으며, 조직은 전문 인력을 조기에 발탁하여 육성할 수 있는 기회를 얻게 된다.

정기 승진심사는 연 1회 실시하며, 승진시험을 통과한 경우에만 승진심사 대상이 된다. 승진시험의 주요 내용은 한숲인으로서 알아야 할 필수적인 지식으로서, 핵심가치와 기업에 대한 전반적인 이해도와 더불어 영어 능력도 함께 평가하고 있다.

또한, 직급에 따라 의무적으로 이수해야 하는 교육을 설정하여 필수적으로 갖추어야 할 소양을 배양하도록 하고 있다. 사원은 재무제표에 대한 이해와 윤리경영 및 안전관리, 대리 직급에서는 e-MBA 5개 과정(회계, 인사조직, 전략, 마케팅, 재무)을 필수적으로 이수해야 한다.

6 보상제도

1) 임금과 상벌제도

대림산업은 기본적으로 직원의 역량과 성과에 따른 보상을 기본 원칙으로 하고 있으며, 임금 수준은 건설업계 최고 수준으로 지급하고 있다. 대림의 임금체계는 네 가지로 구성되어 있는데, 기본급에 연장수당을 주는 '기본연장급', 지역·자격·보직에 따른 수당을 추가로 지급하는 '제수당'과 '직무 책임급', 성과주의 문화를 정착시키기 위한 '성과격려금'이 있다(그림 IV-27).

대림산업은 기준에 따른 공정한 보상 제도를 통해 직원들에게 동기를 부여하고, 업무성과에 대한 성취감과 보람을 함께 느끼도록 하고 있다. 앞서 핵심인재를 위해 여러 가지 교육 프로그램을 마련하고 있음을 살펴보았던 바와 같이, 보상에서도 '핵심인력 차등보상 제도'를 따로 마련하여 핵심인력의 확보 및 유지를 위한 임금의 유연성을 확보하고자 하고 있다. 대리 이하의 실무양성계층을 제외한 과장 직급 이상에 해당하는 인력은 따로 개

〈그림 IV-27〉 대림의 임금체계

별적인 성과와 역량에 대한 차등보상을 받게 된다. 등급은 인사평가 시 업적평가를 통해서 받게 되는데 가장 낮은 D등급부터 최고 수준인 S등급까지 총 5개의 등급으로 나뉘게 된다. 등급에 따라 차등 보상이 이루어지며, 이를 통해 핵심인력의 유출을 방지하고 조직 몰입을 통한 고성과 창출의 계기를 마련하고 있다.

핵심인재뿐만 아니라, 공로사원들과 장기근속자, 정년퇴직자에 한해서 별도의 부상을 지급하고 있다. 특히, 장기근속자는 근속 연수에 따라 별도의 부상을 지급하여, 조직에 대한 공헌과 충성심을 높임과 동시에 조직에 대한 긍지와 자부심을 느낄 수 있도록 하고 있다. 또한, 준공평가 우수현장, 품질 우수현장에 대한 포상과 지식경영에 대한 포상도 지급하여, 현장과 경영 전반의 혁신과 성과향상을 위한 종합적인 노력을 기울이고 있다.

2) 복리후생

복리후생은 직원들에게는 없어서는 안 될 중요한 외재적 보상 중 하나이다. 비록 현금의 형태는 아니지만, 직원들의 삶의 질을 개선하고 회사 업무에만 집중할 수 있도록 하는 것이 바로 기업의 복지제도이다. 복지제도를 제공함으로써 직원들은 높은 직무 만족감과 직무 몰입을 경험하게 되고, 이를 통해서 기업은 더 나은 생산성과 기업 성과를 얻을 수 있게 된다. 특히 최근 입사하고 있는 Y세대 신입사원의 경우, 복지제도를 포함한 총보상을 중요시하는 경향이 점차 강화되고 있다. 대림산업도 이와 같은 맥락으로 단체 정기보험 가입, 자녀 학자금 지원, 종합건강검진, 의료비 지원, 휴양소 지원 등 여러 가지 복리후생을 제공함으로써, 직원들이 풍요로운 생활·안정된 생활·활기찬 생활을 영위할 수 있도록 적극적인 지원을 시행하고 있다.

대림산업이 직원들에게 제공하고 있는 주요 복지제도들을 살펴보면 다음과 같다. 먼저, 직원들의 생활안정을 위해서 생활자금·주택구입 및 주택임차·현장전세 자금 등을 대출해주고 있으며, 화재, 지진, 수재 등과 같은 천재지변에 의한 손실을 겪은 직원들에게 재해위로금을 전달하고 있다. 더불어

〈그림 IV-28〉 대림의 복리후생

풍요로운 생활

임직원 개개인의 Needs에 부합하는 다양한 제도시행으로 풍요로운 생활이 영위되도록 하고 있습니다.

- 사내대출
- 정기건강검진
- 자녀학자금지원
- 공로자, 장기근속자 해외여행 등

안정된 생활

일상 생활에 실제 도움이 되는 정신적, 물질적 지원제도로 안정된 생활을 보장하고 있습니다.

- 의료비지원
- 이사비지원
- 재해위로금
- 단체상해보험

활기찬 생활

각종 자기개발 지원 제도와 다양한 Refreshing 활동을 통해 활기찬 생활이 가능하도록 지원하고 있습니다.

- 사내동호회 지원
- 다양한 자기개발 지원 (어학, 자격증)
- 휴양소 지원

〈표 IV-2〉 대림산업의 복지제도 세부 운영사항

구분	내용
단체 정기보험	예기치 못한 사망, 상해, 질환 등에 대해 지원
자녀 학자금	자녀 학자금 지원
선택적 복지제도	카페테리아(cafeteria)식 복지제도 운영
휴양소 지원	전국 주요 콘도 지원
종합건강검진	전국 60여 개 주요 검진센터를 통해 매년 종합건강검진 수검
의료비 지원	본인과 가족을 위해 지출한 의료비를 매년 300만 원까지 지원
사내 동호회	직원 간 유대강화를 위해 사내 동호회 운영비 지원
구내식당 운영	본사는 중/석식, 현장은 조/중/석식 제공
통근버스 운행	직원들의 편리한 출근을 위해 10여 개 노선 운영
사내대출	사내근로복지기금을 통해 저리의 대출금 지원
이사비 지원	전보발령에 따른 장거리 이사비용을 지원
출산 축하금	3자녀 이상 출산 직원에 대해 매회 300만 원 지원
장기근속자 해외여행	장기 근속직원 리프레시(refresh) 차원 해외여행 지원
자기개발 지원	어학 학습, 자격증 취득 비용 지원 등 다양한 자기개발 지원

〈그림 IV-29〉 사내 야구동호회

질병과 사고로 인한 사망 재해와 암진단 등을 위한 직원 단체보험에 가입해 두고 있으며, 난치병 가족을 둔 직원이나 불우한 직원들을 위해 설립된 '사랑의 메아리'를 통한 지원을 아끼지 않고 있다. 직원들의 건강을 위해 의료비를 지원하고 있으며, 직원 본인과 배우자를 대상으로 매년 건강종합검진을 받도록 하고 있다.

자녀를 둔 직원들에 대해서는 자녀 학자금도 지급하고 있는데, 유치원 및 초등학교·중학교에 해당하는 자녀들을 둔 직원들은 반기별로 학자금을 지급받으며, 고등학교와 대학교에 다니는 자녀들을 둔 직원들은 학자금 100% 전액을 지원받게 된다. 직원들의 자기계발을 위해 기술사 등 업무 관련 자격증을 취득할 수 있도록 관련 비용을 제공하고 있으며, 특히 글로벌 기업으로써 대림이 강조하는 외국어 능력을 향상시키려는 직원에 대해서는 학원 수강료는 반액을 지원하고, 온라인 강좌는 전액을 지원하고 있다. 마지막으로 대림은 직원의 여가생활에 대한 지원도 하고 있는데, 휴가를 가려는 직원들을 위해 제주 그랜드호텔 외 전국 다수의 콘도를 제공하고 있으며, 축구, 볼링, 마라톤, 테니스 등 동호회 운영경비 또한 지원하고 있다. 대림의 복지제도에서 주목할 만한 사항은 2008년부터 선택적 복지제도(cafeteria식 복지제도)가 도입

〈그림 IV-30〉 대림산업 OB 클럽

되어, 직원들이 자신의 취향에 맞춰 직접 복지제도를 선택할 수 있게 되었다는 점이다.

최근 사회적 이슈가 되고 있는 저출산 문제로 인해 출산휴가와 관련된 논의가 끊이질 않고 있다. 기업 입장에서는 출산휴가로 인해 빈자리의 공백을 메우는 것이 부담되고, 휴가를 다녀온 당사자의 입장에서는 출산휴가를 내기가 쉽지 않을 뿐만 아니라 해고의 불안감마저 들 수 있다. 대림은 애초부터 육아출산휴가를 보장하고 있으며, 이를 통해 숙련인력을 확보하고자 하고 있다. 이를 통해 직원들이 안심하고 육아 부담 없이 출산휴가를 누릴 수 있게 되었다.

대림산업은 퇴직사원에 대해서도 지원을 하고 있는데, '대림산업 OB 클럽'이라는 웹페이지를 운영하여, 퇴직 사원 간의 의사소통을 활발하게 하고 지속적인 유대를 강화할 수 있도록 하고 있다. OB 클럽 온라인 커뮤니티는 대림의 소식, 경조사 알림 서비스, 교육 및 취업정보 등 각종 정보를 퇴직자들 사이에서 공유할 수 있도록 구성되어 있다. 또한, 정기모임과 송년 모임을 여러 차례 개최하여 현직자들과 퇴직자들 간의 교류 및 협력에도 앞장서고 있다. 이로써 대림의 현직자들은 선배들의 노하우를 얻을 수 있을 뿐만 아니라, 임직원 간의 친목 도모를 통한 상부상조의 결과를 얻을 수 있기 때문에, 대림에는 일거양득의 효과를 얻을 수 있다.

○ 직원 가족 초청행사

대림산업은 대림 직원 가족 초청행사를 기획하고, 직원의 가족들에게 문화체험의 기회를 제공하고 있다. 종로구 통인동에 위치한 대림미술관에서 임직원 자녀들을 대상으로 정기적으로 문화예술체험 행사를 개최하며, 미술관 전시 관람을 포함하여 전시와 연계된 창작활동, 공연 관람 등으로 구성된 다양한 프로그램을 제공한다.

대림산업은 국내 직원들의 복지뿐만 아니라, 해외에 파견되어 근무하고 있는 직원들의 복지까지 생각하고 있다. 이를 위해 대림산업에서는 해외 근무 직원들의 가족들을 대림미술관에 초청하여 격려 및 위로행사를 정기적으로 진행한다.

〈그림 IV-31〉 매직 버블쇼 공연을 관람 중인 직원 가족들

〈그림 IV-32〉. 해외근무직원 가족 초청행사 중 영상편지 공개

대림산업은 해외 사업지가 나날이 증가함에 따라서, 해외에서 근무하는 직원들도 점차 증가하는 추세에 있다. 이에 따라 대림은 가족과 떨어져 해외에서 근무하고 있는 임직원들의 사기를 진작시킬 수 있는 다양한 프로그램을 개발하고 있다.

7 평가제도

대림산업은 성과주의에 기반을 둔 임금 시스템을 활용하고 있기 때문에 직원에 대한 평가가 매우 중요하다. 전 임직원에 대한 평가를 매년 공정하게 시행하고, 이 결과를 즉각적으로 성과급, 승진, 전환배치, 교육훈련, 상벌(임금) 등에 활용하고 있다. 대림산업이 실시하고 있는 성과평가에는 업적평가와 역량평가가 있으며, 특히 역량평가에서 대림산업이 추구해야 할 한숲인상에 부합하는지도 평가항목에 들어간다는 것이 특징적이다. 대림산업의 인사평가 절차는 연초 2월에 직원 개인의 목표를 설정하는 것부터 출발한다. 개인의 목표를 설정하기 전에 이미 회사경영계획이 확정되고, 이에 따라서 본부 및 부서·현장의 목표가 설정된다. 이러한 상의하달(top-down)식 목표설정 방법을 통해서 직원 개인의 목표와 개인의 목표를 평가할 평가항목, 평가지표, 목표치, 가중치, 난이도, 자기개발 계획을 함께 수립하게 된다. 목표가 정해진 뒤 6월과 11월 두 번에 걸쳐 업적평가와 역량평가가 이뤄진다. 상반기

〈그림 IV-33〉 인사평가 개요

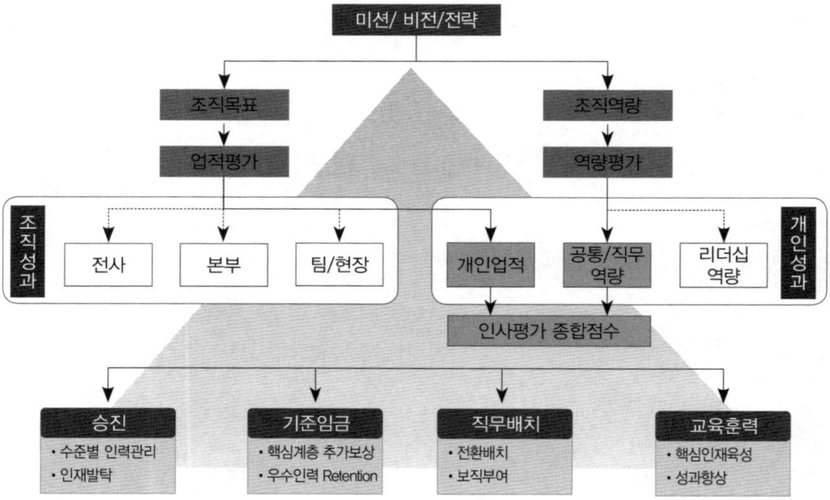

〈그림 IV-34〉 대림산업의 인사평가제도 절차

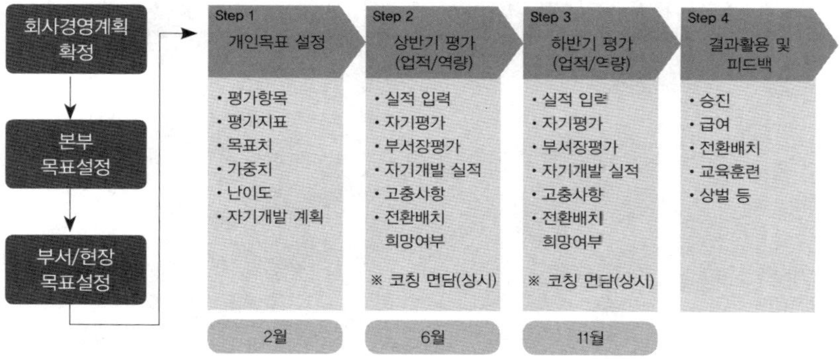

〈그림 IV-35〉 대림산업의 인사평가제도

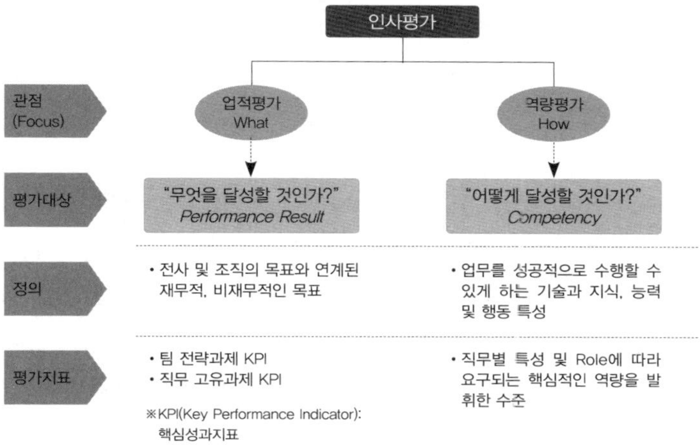

와 하반기로 나뉜 평가에서는 개인의 실적과 자기개발 실적이 입력되고, 자기평가 및 부서장평가가 동시에 이뤄지게 된다. 직원 개인은 고충사항과 전환배치 희망 여부를 이 시기에 선택하게 되며, 직원들에 대한 코칭 면담이 상시 운영되고 있다. 두 번의 평가가 끝난 뒤에, 평가에 대해서 직원들은 승진, 급여, 전환배치, 추가적인 교육훈련, 상벌 등을 받게 된다(그림 IV-34).

업적평가는 직무수행 결과에 관련된 'What'에 대한 요소를 평가하는 것으

〈그림 IV-36〉 역량평가과정

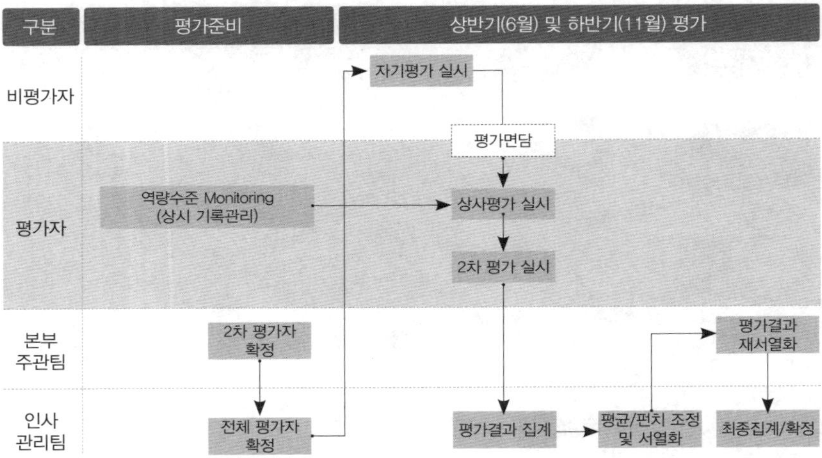

로, "무엇을 달성할 것인가"를 평가대상으로 삼고 있다. 여기에서는 전사 및 조직의 목표에 연계된 재무적·비재무적인 목표를 달성하였는지, 즉, 조직목표에 부합하는 조직성과를 내었는가를 보고 있다. 평가지표로는 팀 전략과제의 핵심성과지표(Key Performance Indicator: KPI)와 직무 고유과제 핵심성과지표(KPI), 두 가지로 개인의 업적을 평가하게 된다. 이에 반해 역량평가는 직무수행 방법과 관련된 'How'에 대한 요소를 평가하는 것으로, "어떻게 달성할 것인가"를 평가대상으로 삼고 있다. 업무를 성공적으로 수행할 수 있게 만든 사원의 기술과 지식, 능력 및 행동특성 등을 종합적으로 평가하고자 하는 것이 바로 역량평가이다. 직원의 역량은 직무별 특성 및 역할에 따라 요구되는 핵심적인 역량을 발휘한 수준을 보고 평가하게 된다.

업적평가의 과정은 2월에 업무목표가 확정되는 시기부터 시작된다. 평가자는 본부 주관팀에서 확정된 본부 경영계획을 가지고 팀 운영계획과 업무분담 및 평가 가중치를 설정하여 피평가자인 사원들에게 회의를 통해 목표를 배분하게 된다. 회의 이후 사원들은 자기에게 할당된 목표를 가지고 업무목표와 자기개발계획을 작성하여 평가자와 목표를 다시 면담하여 최종적으로 팀원 업무목표를 설정하게 된다. 업적평가는 상반기 6월과 하반기 11월,

1년에 두 번 시행하고 있다. 평가자가 수시로 사원들을 코칭면담을 하면서 기록관리한 것을 토대로 사원들은 자기평가를 먼저 하게 된다. 사원과 평가자가 이를 토대로 평가면담을 갖게 되고, 이후에 본격적으로 상사의 업적평가가 이뤄지며, 이에 대한 피드백을 사원에게 전달한다. 사원들은 업무목표의 각 핵심성과지표(KPI)별 평가결과를 확인하고 난 뒤에, 최종평가인 서열화 평가가 이뤄진다.

역량평가과정도 업적평가와 마찬가지로 상반기 6월과 하반기 11월, 1년에 2회에 걸쳐 실시되고 있다. 평가자들은 사원들의 역량수준을 모니터링하면서 상시로 사원들의 역량을 기록하고, 본부 주관팀에서는 2차 평가자를 확정하여 인사팀에서 최종적으로 전체 평가자들을 확정하는 것으로 역량평가에 대한 준비를 마치게 된다. 먼저 사원들이 자기평가를 시행하고, 평가자들과의 역량수준 모니터링 기록을 보면서 평가면담을 가지면서 상사의 역량평가가 진행된다. 그리고 본부 주관팀에서 확정된 2차 평가자들로 2차 평가가 실시되며, 인사팀에서는 평가자들의 평가결과를 집계하고 평균과 편차를 조정하여 서열화를 하게 된다. 이후 본부 주관팀에서 역량 평가 서열화를 보고받고 평가결과를 재서열화하여 인사팀에서 최종적으로 역량평가 결과를 확정하게 된다.

업적평가에서 평가된 개인 업적과 역량평가에서 평가된 공통 및 직무역량을 토대로 사원들은 인사평가 종합점수를 받게 된다. 인사평가 종합점수가 좋은 사원들을 대상으로 우수인력을 유지(retention)하고자 추가로 핵심계층에게 인센티브(incentive)를 지급하거나 승진 혹은 핵심인재로 분류되어 별도의 교육을 받게 된다.

8 G-HR 관리

글로벌 사업의 비중이 확대되고 있는 대림산업은 외국인 직원의(Global

Human Resource: G-HR) 비율이 지속적으로 확대되고 있으며, 외국인 직원을 보다 효율적으로 육성/관리하기 위한 별도의 인사 전담 부서를 운영하고 있다.

외국인력은 주로 해당 직무분야의 경력자를 대상으로 선발하게 되는데, 학사 이상의 학위를 가지고 있으며 해당 직무 경력이 평균 3년 이상의 외국인들을 대상으로 채용을 진행하고 있다. 외국인들을 채용할 때에는 먼저 본사에서 외국인 직원 관리를 담당하는 부서에서 필요한 소요인력을 파악하고 채용 담당 대행사(agency)에 의뢰하여 해당 직무의 채용을 의뢰한다. 서류전형에서는 해당 지원자들의 경력과 기술 역량을 평가(technical evaluation)하고, 면접을 통해 경력과 직무에 대한 지식과 인성을 검증하게 된다. 채용이 확정되면 고용 계약서를 작성하고 비자 수속을 밟아, 신속하게 사원이 해당 직무에 배치되어 업무를 수행할 수 있도록 지원한다.

우수한 외국인력을 확보하기 위한 노력과 더불어, 확보 이후 유지관리를 위한 다양한 노력도 시행하고 있다. 먼저, 오리엔테이션을 통해 낯선 환경에 적응하는 데 겪을 수 있는 초기의 어려움을 최소화하기 위해 노력하고 있다. 출국 전 오리엔테이션을 통해 문화·생활 전반에 대한 안내를 실시하며, 입사 후에는 회사의 규정, R&R(Role & Responsibility) 등을 안내한다.

입사한 외국인력은 입사 후 최초 6개월 동안 조기에 적응할 수 있도록 한국인 멘토를 지정해주어 1:1 멘토링 제도를 실시하고 있다. 이와 함께 사이버 교육을 통해 핵심가치와 기업문화에 대한 개념을 정립하도록 지원하고 있다. 외국인 직원들을 위해서 특별히 시행되는 'Global HR Channel'은 사내 주요소식을 전달하고, 문화행사를 안내함으로써 외국인 직원들의 적응에 도움을 주고 있다. 또한, 비정기적으로 실시되고 있는 'G-HR Workshop'을 통해 외국인 사원들의 건의사항을 수합하고, 조직생활이나 직무를 수행하면서 겪는 어려움을 파악하고 있다.

외국인 사원들에 대한 평가는 MBO(Management By Objective, 목표관리) 방식에 따라서 운영되며 1년에 2회 인사평가를 통한 상대평가를 원칙으로 결과에 따라 3단계로 구분하고 있다. 우수 인력을 조직내에 유지시킴과 동시에 저성과자를 관리하기 위해, 고과 우수자는 재계약 시 급여 인상률을 차등적

〈그림 IV-37〉 글로벌 대림 사내방송 화면

으로 적용하고 있다. 또한, 외국인 사원에게는 한국식으로 사원에서 부장의 호칭이 아니라 현 수행직무로 호칭을 부여하는 직무제도를 운영하고 있다. 본 직무제도를 통해 수행직무에 대한 체계적인 이력관리를 실시하고 있으며, 외국인 사원들의 충성심을 제고하는 데도 이바지하고 있다. 특히, 외국인 사원들에게 부여되는 직무 호칭은 시니어(senior)급 인력 복지와 같은 처우를 강화하기 위한 지표로도 활용되고 있다.

이처럼 외국인 직원들이 업무를 수행하는 데 불편함이 없도록 다양한 지원책을 마련하고 있으나, 외국인의 입장에서 느낄 수 있는 어려움을 파악하여 회사의 문화와 시스템을 지속적으로 개선하기 위해 수시로 워크숍(G-HR workshop)을 시행하여 외국인 직원들의 직무 만족도와 적응도를 조사하여 활용하고 있다. 앞으로도 대림산업은 외국인 직원들의 유지/육성을 위한 각종 지원을 지속해서 시행하여 외국인 직원들을 동기부여 시키고, 조직에 대한 충성심을 고취하기 위한 노력을 기울일 예정이다.

9 인사제도의 성과와 향후 방향성

대림산업은 건설업계의 특수성이 반영된 전략적 인적자원관리를 실행하고 있다. 건설업 인적자원관리의 특수성은 건설업체 인사 관리자 협의회와 한국건설 산업연구원에서 발행한 『건설인사관리의 개선과 혁신』을 통해 개략적인 내용을 파악할 수 있다. 특히, 그중에서도 건설 산업의 환경변화가 기업의 인적자원관리에 미치는 변화에 대한 부분을 살펴보면 다음과 같다(김종섭·김정호·김종규·김진환·박창언·박희태·안광호·오기종·유태광·정희찬, 2010: 20~22).

첫째, 건설 산업은 한국의 경제성장과 더불어 현격하게 발전해왔으나, 선진국들의 예를 보면 점차 건설투자 비중이 감소할 것이라 예상되고 있다. 따라서 건설업계는 미래의 인력수요와 공급을 되도록 정확히 예측하여 필요한 인재를 갖추는 인적자원관리가 필요할 것이다. 그러나 건설 산업 자체가 프로젝트 기반으로 인력을 충원하기 때문에, 현재 기업에서 보유하고 있는 인원이 적정 수준인지를 판단하기가 어려운 것이 현실이다. 그러므로 건설 기업의 인사 담당자들은 건설 시장이 축소됨에 따라 발생하는 인력수요와 공급을 분석하여, 인력 채용에 신중을 기하여야 할 것이다.

둘째, 건설 산업의 기반인 프로젝트들이 점점 커지고 복잡해지면서 이에 따른 위험 정도도 커지고 있다. 특히, 이러한 프로젝트의 성패 여부가 조직성과에 대단한 영향을 끼치기도 한다. 그렇기 때문에 프로젝트를 실제로 수행하는 현장의 조직에 대한 인적자원관리의 중요성이 대두하고 있다. 이전에는 현장인력에서 발생한 문제는 현장 자체에서 관리하거나 관련 사업부에서 담당하는 수준에 머물렀었다. 하지만 현장 프로젝트 인력관리가 바로 프로젝트의 성패로 이어지면서, 전사적인 차원에서 현장 인력관리가 이뤄져야 할 필요성을 깨닫게 되었다. 대림산업에서도 현장인력에 대한 안전교육과 더불어 현장인력에 대한 배치 및 그들과의 원활한 의사소통을 기업 차원에서 담당하여 관리하고 있다.

셋째, 국내 건설기업들은 해외시장에도 활발히 진출하는 데 비해, 이를 담

〈그림 IV-38〉 직원 가족 초청 행사: 웃음 특강

당할 해외인력이 부족하여 고충을 겪고 있다. 대림산업에서는 이미 해외인력을 관리할 G-HR 부서를 따로 운영하고 있으며, 해외 현지인 채용 및 해외 전문 인력을 유치하는 데 앞장서고 있다. 특히, 해외 사업장에서는 현지인 채용 비율을 높여, 현지에서의 사업을 원활하게 수행할 수 있도록 관리하고 있다. 또한, 건설기업이 글로벌화됨에 따라 해외건설 시장에 대한 사원들의 이해를 높이고, 이에 대한 역량을 쌓을 수 있도록 교육에도 힘써야 할 것이다. 대림산업은 이미 해외시장에서의 사업 비중이 높은 글로벌 기업으로 발돋움하고 있으며, 향후 적극적인 해외진출 전략을 실행하기 위해 임직원들의 글로벌 향상 교육을 체계적으로 실시하고 있다.

넷째, 금융위기 이후에 친환경 건설 및 IT와의 융합이라는 새로운 이슈들이 대두하면서, 건설업계에서는 신성장동력을 찾기에 여념이 없었다. 여전히 건설 기업들은 저마다 신성장동력을 위해 기술개발을 실시하고, 이를 이끌어갈 전문적인 지식을 갖춘 인재들을 확보하는 데 주력하고 있다. 그러나 이미 대림산업에서는 신성장동력을 금융위기 때부터 개발하고 있었으며, 국내 건설업계 최초로 기술연구소를 설립한 바 있다. 더불어 전문가로의 핵심 인재 양성과정을 따로 마련해둠으로써, 장기적으로 기업 내에서 신성장동력을 기획하고 이끌어나갈 인재를 교육하고 있다.

이를 종합해볼 때, 향후 대림산업의 인적자원 관리는 인사전략 및 활동을 사업전략과 연계(align)시키는 최고 경영자의 전략적 파트너로서 그 역할을 강화해 나아갈 것이다. 급격히 변화하고 있는 경영 환경 변화에 효과적으로 대응하기 위한 인사전략을 수립하고, 성공적인 실행을 통한 성과창출의 주도적 역할을 통해 조직의 변화와 지속적인 성장에 기여하는 것이야말로 대림산업 HR의 장기적 미션이다.

제 V 장

대림의 미래

1 사회와 공생을 위한 대림의 세부전략들

앞서 II장의 2. 미래전략 부분에서 설명하였지만, 대림은 2012년 "마케팅 중심의 경쟁우위 창출"이라는 미래전략을 기본으로 세부적인 전략들을 수립하여 전개해나가고 있다. 특히, 대림은 지속가능경영의 하나로 이해관계자들과의 소통과 더불어, 경제적 가치의 배분에도 앞장서고 있다. 특히 2010년도 대비 증가한 7,064억 원의 경제적 가치를 2011년도에 이해관계자들에게 배분함으로써, 사회에 수익을 환원하고자 하는 노력을 하고 있다(그림 V-1). 그러나 대림은 단지 경제적 가치뿐만 아니라 사회와의 공생을 위해 여러 가지 전략을 세워 실천하고 있다. 이와 관련된 세부 전략들로는 친환경 녹색경영, 협력업체와의 상생협력 프로그램, 지속적인 사회공헌, 안전관리 등이 있다. 이러한 세부 전략들에 대해서 좀 더 자세히 살펴보며, 대림이 추구하고자 하는 미래는 과연 어떤 것인지 알아보자.

〈그림 V-1〉 대림의 경제적 가치 배분

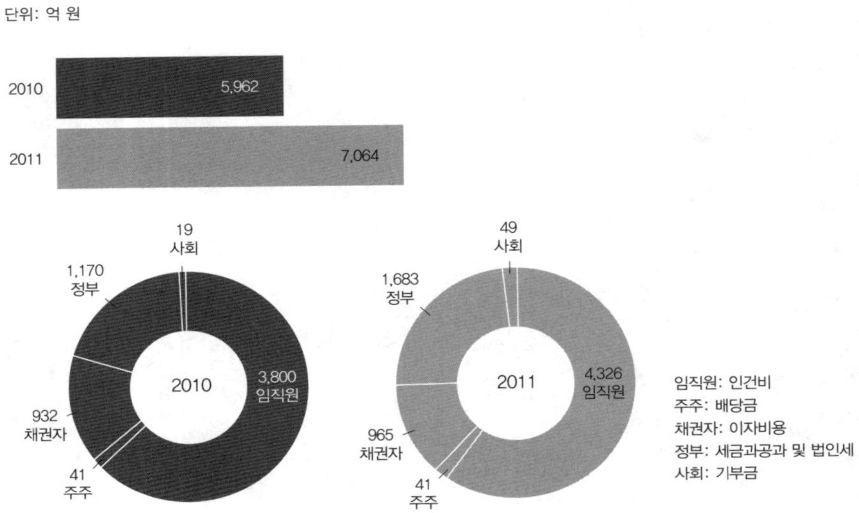

1) 친환경 녹색경영

대림은 정부에서 추진하는 저탄소 녹색성장에 발맞춰, '저탄소 녹색경영'을 2009년부터 시작해왔다. 2009년 10월 창립 70주년을 맞이하여 대림은 이 해를 '녹색경영 원년의 해'로 선포하고, 저탄소 녹색경영 정착을 위해 비전과 전략, 실천과제를 차례로 소개하였다. "생활에 불편함을 느끼지 않는 선에서의 절약 실천"을 철학으로 내건 대림의 녹색경영은 사업 자체 모델뿐만 아니라, 생산과정과 조직의 일상생활 전반 에 거친 탄소 배출의 절감을 통해서, '생활공간의 녹색화'라는 비전을 실현하고자 한다. 시대적 요구에 부응하는 새로운 녹색경영에 대한 비전은 앞서 언급했던 '풍요롭고 만족할 만한 삶'을 제공하고자 했던 대림의 'Best value, Better life'라는 전사적인 비전과도 잘 맞아떨어지고 있다.

녹색경영에 따른 세부 전략들은 'Green Culture, Green Partnership, Green Business, Green Communication'이라는 네 가지 세부 항목으로 이

〈그림 V-2〉 그린 대림(Green Daelim) 철학 및 비전

VISION 생활공간의 Green 化			
GREEN CULTURE	GREEN PARTNETSHIP	GREEN BUSINESS	GREEN COMMUNICATION
• Green Hebit을 통한 indset 정착	• 그린조달 • 탄소배출량 저감	• Green Tech 경쟁우위 확보 • Green Biz 모델발굴	• 친환경 정보 제공 • 친환경 선도이미지 제고
철학 편의와 기능을 그대로 유지하여 생활의 불편함을 느끼지 않도록 과소비 요인을 줄이는 절약의 실천			

〈그림 V-3〉 그린 대림(Green Daelim) 4대 전략방향 및 과제

전략방향	내용	주요 추진과제
GREEN CULTURE	**Green Habit을 통한 Green Mindset 정착** 모든 구성원이 가정 및 직장생활 전반에 걸쳐 친환경·저탄소 활동의 중요성을 인식하고 자율적인 그린 실천활동을 전개	• 그린해빗(Green Habit) • 그린교육
GREEN PARTNERSHIP	**친환경 저탄소 현장관리를 통한 Value Chain 전반의 그린화** 자재의 선정에서 폐기까지 건설 전과정의 다양한 이해관계자들과의 그린 파트너십을 강화하여 Green Construction을 구현	• 그린조달(녹색구매 등) • 탄소배출량 관리/저감 • 친환경 현장 관리
GREEN BUSINESS	**그린기술 개발과 그린비즈니스 전개** 친환경/저에너지 기술개발을 통한 기술경쟁력 강화와 지속적인 그린비지니스 발굴과 추진으로 경쟁우위를 창출	• 친환경/저에너지 기술 개발 • 그린비즈니스 전개
GREEN COMMUNICATION	**친환경 정보 제공 및 친환경 선도이미지 제고** 대내외 이해관계자들에게 당사의 그린활동에 대한 정보를 공개하고 친환경 선도이미지 제고를 위한 커뮤니케이션을 확대	• 환경정보 공개/지속가능경영 • 대내외 그린 커뮤니케이션

뤄져 있으며, 항목마다 설계된 주요 추진과제들을 통해서, 실질적으로 탄소를 줄이고 환경에 도움이 되는 친환경 경영을 이끌어나가고자 노력하고 있다. 여기에서 주목할 만한 점은 신입사원과 현장관리자 등 대림의 전 임직원들의 환경의식 개선을 위해서 환경교육을 연중에 실시하고 있으며, 2005년부터는 온라인 사이버 환경교육을 제공하여 현장 관리감독자들에게 교육을 시행하고 있다. 또한, 2009년부터는 전 임직원을 대상으로 환경문제 인식 정

〈표 V-1〉 환경교육 프로그램

교육종류	교육시기	교육대상
신규현장 환경교육	현장 개설 초기	현장 전직원 및 협력업체 관리감독자
환경사이버 교육	연중	신입사원
현장 녹색경영관리자 교육	연 2회	현장 녹색경영관리자
본사 녹색경영관리자 교육	연 2회	본사 녹색경영관리자
관리감독자 교육	1~2월	현장 전직원 및 협력업체 관리감독자
신입사원 교육	신입사원 입문교육시	신입사원

도, 지구 온난화와 기후변화에 대한 지식, 친환경상품 구매의사, 녹색경영 관심도 등을 설문하는 환경의식에 대한 변화 조사도 같이 하고 있다. 이로써 대림은 지속적으로 전 임직원의 환경의식을 개선하여 사업에서 뿐만 아니라 업무생활에서도 녹색경영을 실천할 수 있도록 근본적인 의식 개혁을 이루기 위해 꾸준히 노력하고 있다.

그러나 대림은 녹색경영 원년의 해를 선포하기 이전부터 여러 사업장에서 발생하는 온실가스와 같은 환경에 부정적인 영향을 끼치는 요소들을 최소화하기 위해 여러 가지 정책을 추진하고 있었다. 1997년에 이미 환경경영시스템을 도입하여 ISO(International Organization for Standardization, 국제 표준 기구) 14001 인증을 획득하였다. 특히 같은 해 건설업체로는 최초로 환경관리 전산시스템을 개발·운영하고 있으며, 2005년부터는 웹(web) 버전으로 업그레이드하여 현재까지 운영하고 있다. 이 시스템은 대림이 제안한 녹색경영과 관련된 다양한 친환경사업을 수행하고, 녹색경영 성과지표를 관리하기 위한 분석 도구를 갖추고 있어, 녹색경영을 실현하는 데 있어 사내 환경과 관련된 업무 효율성을 극대화해주고 있다. 2009년 이후 녹색경영에 대한 꾸준한 노력을 인정받아 2011년 건설업계 최초로 녹색경영시스템 인증을 취득하기에 이르렀다.

대림은 사업 분야에서 친환경 녹색경영을 실천하기 위해 친환경 기술을 개발하고, 이를 통해서 환경친화적인 가치를 고객에게 제공하는 데 앞장서고

〈그림 V-4〉 2011년도에 임직원들을 대상으로 실시한 환경의식조사 주요 내용

구분	세부내용
환경문제 인식정도	• 환경오염 심각성 정도에 대해 3개년 조사결과 '지구온난화 및 기후변화'를 가장 우려 • 건설업이 환경오염을 저감하기 위해서는 친환경(저탄소/저에너지 등) 기술 개발이 중요(65%)
지구온난화, 기후변화	• 우리나라가 온실가스 감축 의무국이 되는 것에 대한 찬성의견은 87% • 탄소세 도입 찬성의견은 전년과 동일한 89%로 나타났으나, 시기조절이 필요하다는 의견이 76%로 도입시기에 대해서는 소극적으로 나타남
친환경 구매의사	• 평소 상품구매시 환경에 미치는 영향을 생각하는 직원이 58%로 매년 증가 추세 • 44%의 직원의 기능이 동일하다면 친환경상품에 대해 20%의 추가비용을 지불할 용의가 있음
녹색경영 관심도 및 기타	• 그린해빛 활동 중 '점심 소등 및 대기전원 차단(42%)'이 지구온난화 억제에 가장 효과적 • 맑음나눔 활동은 지구온난화 억제 효과 긍정적('09년: 1%, '10년: 14%, '11년 31%) • 환경보전을 위해 기업 및 정부의 노력보다 개인의 노력이 필요('09년: 44%, '10년:49%, '11년:60%) • 향후 10년간 우리나라의 환경개선에 대한 긍정적인 전망은 62%로 2010년 82%로 2010년 82%에 비해 감소하여, 우리나라의 환경에 대해 부정적으로 전망하는 시각이 확대됨 • 2010년 발효된 '저탄소 녹색성장 기본법'에 대해 88% 임직원이 알고 있음

〈그림 V-5〉 안전·녹색경영방침, 환경경영시스템 인증서, 녹색경영시스템 인증서

안전·녹색경영방침

LRQA

인 증 서

LRQA

인 증 서

있다. 먼저 대림은 1981년 국내 건설업계 최초로 설립한 기술개발원에서 친환경 기술과 공법을 개발하고 있다. 그리고 사전에 '연구과제 환경영향 점검표'를 작성하고 있는데, 환경에 미치는 영향, 환경 관련성, 환경 법규와의 적합성, 기술의 부정적 환경영향과 대책, 파급효과와 이용방안, 환경개선계획에 반영하는 총 여섯 가지 항목을 통하여 연구 결과가 환경에 미칠 수 있는 부정적인 영향을 예상하고 이에 대한 대책까지 마련하고 있다.

〈그림 V-6〉 대전 대덕연구단지 안에 건립된 건축환경연구센터

〈그림 V-7〉 e편한세상 청구 그린 컨스트럭션

〈그림 V-8〉 e편한세상 통합제어시스템 애플리케이션

친환경 기술 개발의 성과는 대림의 건축물을 통해서 나타나고 있다. 2005년 12월 국내 최초로 소개된 대림의 ECO House는 기존의 건축물과 대비하여 냉난방 비용이 20~30%밖에 들지 않는 기술로, 2006년부터 국내에서 처음 상용화되었으며 현재에는 대림의 아파트브랜드인 e편한세상에 적용되고 있다. 대림은 이러한 기술 개발을 토대로 2012년까지 제로에너지 하우스에 관한 기술을 개발할 수 있도록 노력하고 있다. 또 다른 에너지 절약 기술로는 에너지 절약형 공조시스템인 그린 에너지 시스템(green energy system), 아파트 세대 간 소음을 줄여주는 완충시스템, 슬러지감량형 고도하수 처리기술 등을 통해 에너지 절약형 건축물을 보급하는 데 앞장서고 있다. 특히 주목할 만한 점은 최근 스마트기기를 활용하여 건축물의 에너지 사용량을 통제할 수 있는 최적제어시스템을 개발하여, 공동주택에 상용화하고 있다는 점이다. 이 기술은 냉난방 에너지와 전기소비량을 5% 정도 절감할 수 있게 해줄 뿐만 아니라, 탄소배출량도 10% 절감할 수 있는 기술을 갖고 있기 때문에, 스마트기기만 있다면 거주자가 편리하게 에너지를 절약할 수 있는 서비스를 제공하고 있다.

대림은 건설사 최초로 2011년 '프레임 유닛 패널을 이용한 단열 시스템 기술'을 통해서 녹색기술인증을 취득하였으며, 건축물뿐만 아니라 건축물을 짓

〈그림 V-9〉 바닥복사냉방시스템과 매립형 환기장치

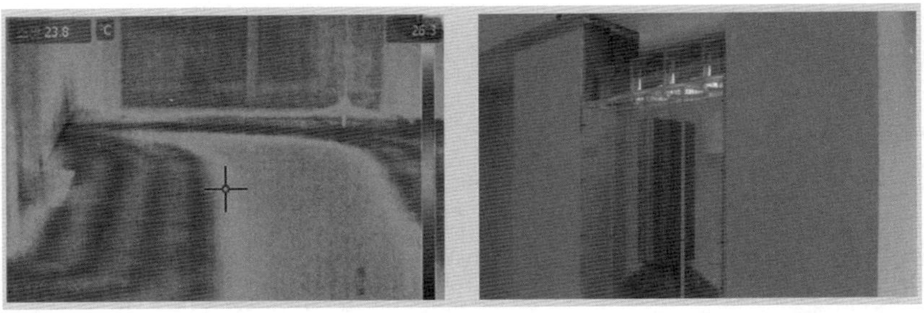

〈표 V-2〉 연간 대림의 온실가스 배출량 (단위: 톤)

구분	Scope 1 (직접배출)	Scope 2 (간접배출)	Scope 3 (기타간접배출)	계
2011년	25,129	31,738	216,293	273,160
2010년	42,132	26,217	242,305	310,654
2009년	28,126	13,654	201,729	243,509

는 현장 설계 역시 환경에 대한 영향력을 사전에 고려하여 설계하고 있다. 비산먼지로 인한 대기환경 오염, 소음진동을 사전에 관리하고, 공사 중 용수 사용을 최소화하기 위해 빗물을 모아 재활용하고 있다. 그리고 사후 환경영향 조사도 함께하여 공사 후에도 주변 생태계에 대한 부정적인 영향을 최소화하고자 노력하고 있다.

이러한 다양한 친환경·저에너지 건축 기술이 적용된 친환경 건축물의 보급은 냉·난방 에너지의 소비를 거의 제로(zero)로 만들 수 있게 해준다. 2008년부터 대림은 "ECO House"라는 이름 아래에 에너지 절감률별 총 12개 단지, 1만 1,420세대의 친환경 공동주택을 보급하였다. 2012년 현재 대림은 건축물 자체가 외부의 환경변화에 반응하여 거주자에게 최적의 환경을 제공해주고 더불어 에너지도 절감할 수 있는 액티브(active) 개념의 에코 하우스(ECO House) 개발에 박차를 가하고 있다. 더불어 현장과 직장 내에서의 온실가스 배출량을 절감하기 위한 노력도 하고 있다. 현장에서는 바람이 많이 부는 곳

〈그림 V-10〉 냉난방에너지 절감형 공동주택 보급현황

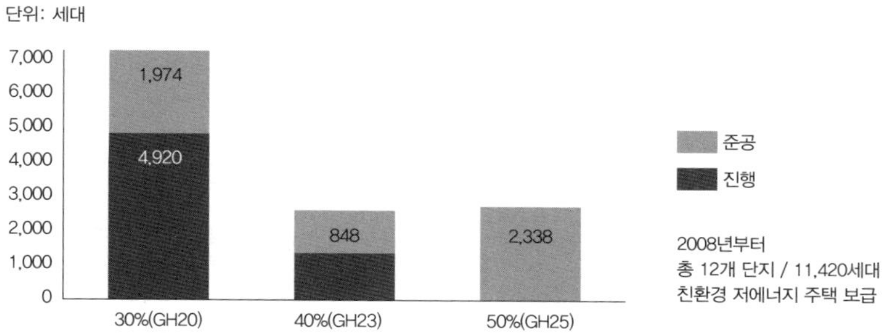

〈표 V-3〉 주요 그린 해빗(Green Habit) 활동내용

주요 활동	내용
그린 해빗 확산 활동	캠페인 선포, 서약서 작성, 실천가 선정, 스티커 및 포스터 부착
잔반 줄이기	인트라넷을 이용하여 구내식당 이용여부 체크를 통해 잔반발생량 최소화
차없는 날	매월 넷째주 수요일을 차없는 날로 지정
통근버스 및 차량 10부제 운영	효율적이고 친환경적인 임직원 수송
한숲방송	친환경, 저탄소 내용을 담은 스토리텔링 형식의 플래시(flash) 방송을 방송
그린대림방송	저탄소 생활 실천사례를 음성녹음하여 매주 화, 금요일 사내 방송
녹색경영 게시판	녹색경영 및 그린해빗 전용 게시판 작성을 통한 의견 개진
기후변화 전시회	"지구를 인터뷰하다" 전시회를 통해 기후변화의 심각성 공유
일일 탄소배출량 공유	인트라넷 및 구내식장 PDP를 통해 일일 탄소배출량 공유
그린 포커스(Green Focus)제작	그린 대림(Green Daelim)활동과 저탄소생활 실천 Tip에 대한 정보 공유
극장광고 제작	기후변화의 심각성, 녹색성장/녹색경영의 필요성에 대한 광고 제작
월별 실천과제 선정	저탄소 생활 확산을 위해 월별 핵심실천과제를 선정, 집중 활동 전개

에 풍력발전기를 설치하여 전력비용을 절약하였다. 특히, 2010년부터 온실가스 목표관리제를 도입하여 온실가스 배출량을 최소화하기 위한 다양한 활동들을 벌이고 있다. 예를 들어, 직장 내에서는 그린 해빗(green habit)이라는 실천운동을 통해 일상생활 속에서 발생할 수 있는 이산화탄소 배출량을 줄이고 있다.

2) 상생협력

대림은 "협력업체의 성장이 곧 대림의 경쟁력 강화로 이어진다."는 원칙에 따라 협력업체와 함께 발전해나갈 수 있도록 '상생협력 프로그램'을 운영하고 있다. 대림산업 김윤 부회장은 "상생협력이야말로 갈수록 경쟁이 치열해지는 글로벌 시장에서 협력업체와 대림이 함께 성장하고, 기업의 사회적 책임을 다할 수 있는 최선의 방법"이라고 말하며 협력업체와의 상생협력을 지속적으로 강조해왔다.

이를 위해 대림은 협력업체를 위한 지원정책을 아끼지 않고 있다. 그중에서 가장 대표적인 지원활동은 협력업체 외주비를 포함한 하도급대금 전액을 현금과 현금성 자산으로 지급하는 재무적 지원을 들 수 있다. 대림은 하도급대금의 80%를 현금으로 결제하여 건설업계에서 최고수준으로 협력업체에 대한 재무적 지원을 하고 있다. 또한, 등록업체에 대해 하도급관리규정에 따라 계약이행보증금을 감경해주어 보증수수료 비용을 줄일 수 있도록 도움을 주고 있다. 특히, 매년 우수협력업체를 선정하여 이들에 대해서 계약이행보증서 면제, 기성급 지급 우대, 입찰 초청 시 우선권 부여와 같은 특혜를 주고 있다. 그리고 2002년부터는 우수협력업체와 공동으로 상품을 개발하는 D&P(Design & Procurement) 제도를 확대하여 운영하고 있으며, 총 2조 8,000억 원 규모의 공사금액을 협력업체와 계약했다. 2010년에는 업무협약을 맺은 우리은행과 협력업체 지원을 위한 300억 원의 상생펀드를 조성해 운용하고 있으며, 단기운용자금이 필요한 협력업체에 대해서 무보증·무이자로 운영자금 100억 원을 마련해 지원 중이다.

〈그림 V-11〉 2011년 우수협력업체 시상식

대림은 협력업체와의 상생협력을 위해 함께 기술을 공유하고 개발해나가는 데도 주력하고 있다. 협력업체에 대한 기술개발, 이전, 설비지원, 공동연구 등을 지원하고 있고, 이를 통해 진공 복층 유리, 바닥 충격음 차단시스템 기술을 비롯한 총 11건의 공동기술을 개발하는 성과를 달성하였다. 협력업체에 특허와 기술을 무상으로 지원하고, 지속적으로 공동연구개발 협약을 맺어 서로 기술 개발을 이뤄나갈 수 있도록 노력하고 있다.

그리고 협력업체의 경영활동 전반에 대해서도 지원을 하고 있는데, 경영혁신, 원가절감, 노무, 품질, 안전, 환경 등의 업무에 관한 교육프로그램을 지원함으로써 협력업체의 임직원 역량 증진에 도움을 주고 있다. 2007년부터는 우량 협력업체를 대상으로 하여 외부 신용평가기관의 재무컨설팅과 경영진단 프로그램을 대림이 그 비용을 부담하여 운영하고 있다. 그 예로 2011년에는 우정 특수기업 외 25개의 협력업체가 재무컨설팅을 받았으며, 이를 통해 협력업체의 재무상태 개선·신용등급 향상·적정 회계처리 유도하여 경영정보에 대한 상호 소통을 도모하고자 하고 있다.

이러한 경영 전반·재무 및 기술에 대한 지원뿐만 아니라, 협력업체와의 동반성장프로그램의 하나로 2010년에 500여 개의 협력업체와 공정거래협약을 체결했으며 현재까지 지속해서 이행하고 있다. 이러한 공정거래협약에 대한 공로를 인정받아 공정거래위원회로부터 건설업계에서는 최고등급인 양호등급의 평가를 받으며 협력업체와 상생협력을 실행하는 기업으로 인정받고 있다.

〈표 V-4〉 연구개발비 지원

연구개발과제명	협력업체명	지원금액(원)
3차원 객체기반 자동물량산출시스템	아이디엠	88,000,000
중공슬래브 Post-Tension 도입에 따른 구조/진단해석	베이시스소프트	22,000,000
기성말뚝 지지력 증강기술 1	한라엔지니어링	12,100,000
기성말뚝 지지력 증강기술 2, 3	동아지질	62,700,000
기성말뚝 지지력 증강기술 4	거원	13,200,000
말뚝 Post Grouting System 1	지테크	77,000,000
말뚝 Post Grouting System 2	한라엔지니어링	11,000,000
2011년 연구개발비 지원 총액		286,000,000

〈표 V-5〉 2011년도에 실시한 협력업체 직원과 CEO 교육

2011년 협력업체 임직원 대상 교육

교육명	교육기간	대상자 / 수료자
안전 사이버 교육	2011. 6. 1~7. 6(1개월)	289명 / 210명
직무 사이버 교육	2011. 10. 1~11. 30(2개월)	300명 / 132명
품질 사이버 교육	2011. 11. 14~12. 11(1개월)	133명 / 89명
건설안전 체험 교육	수시	732명 / 605명

협력업체 CEO 대상 워크숍 실시

교육명	교육목적	교육일시	참석자
플랜트사업본부 워크숍	협력업체와 상생의 협업 체계 구축을 통한 공사 경쟁력 도모	2011. 4. 8	협력업체 현장담당임원 86명
건축사업본부 워크숍	협력업체와의 상생을 통항 안전, 원가, PI 분야 경쟁력 강화	2011. 5. 18	협력업체 CEO 및 실무자 98명
토목사업본부 워크숍	협력업체와 동반성장을 위한 상생협업 방안 도출	2011. 6. 21	협력업체 CEO 및 실무임원 80명

○ 협력업체 포털 시스템 '대림어깨동무'

최근 2011년 10월 7일에는 건설업계에서 최초로 협력업체와 쌍방향 커뮤니케이션이 가능한 협력업체 포털시스템인 '대림어깨동무'를 개설하고 운영하고 있다. 대림어깨동무는 협력업체와 언제 어디서나 즉각적인 상호작용이 이뤄질 수 있도록 모바일 홈페이지까지 마련되어 있으며, 협력업체와 관련된 다양한 시스템을 통합하여 활용도를 높이고 있다.

특히, '대림어깨동무'에는 협력업체와 자유로운 의사소통이 이뤄질 수 있도록, 쌍방향 실시간 소통채널인 '상생 톡톡(TalkTalk)'이 구성되어 있다. 상생톡톡은 트위터형 게시판으로 150자 이하의 단문으로 협력업체와 자유롭게 의견을 교환할 수 있게 되어 있다. 이를 통해 대림은 대림과 협력업체가 함께 새로운 아이디어를 개발하여, 서로 상생할 기회를 마련하고자 한다.

또한, 기존의 구매, 입찰, 하자 및 보수 등 업무별로 나뉜 시스템을 통합하여 일괄적으로 처리할 수 있도록 하였으며, 동시에 협력업체가 발주계획, 하자보수 관리 현황 등을 한눈에 파악할 수 있도록 하고 있다.

〈그림 V-12〉 대림어깨동무 홈페이지

3) 사회공헌

대림은 창업 초기부터 우리나라의 경제 개발과 함께하면서 사회에 대한 공헌을 염두에 두고 기업을 경영해나갔다. 현재에도 사회에 대한 나눔을 실천하기 위해, 행복나눔, 사랑나눔, 맑음나눔, 문화나눔, 소망나눔으로 이뤄진 5대 나눔활동을 이끌어나가고 있다. 가장 먼저 대림의 '행복나눔' 활동은 2005년부터 시행되어왔는데, 대림의 전 임직원들이 발 벗고 나서서 무주택 서민들에게 집을 지어주는 봉사활동을 벌이고 있다. 이는 대림의 장점을 잘 살린 봉사활동으로, 도배 및 단열마감보드 설치, 장판지 교체, 곰팡이 제거 등과 같은 일들을 수행하게 된다. 2011년에는 한국 사랑의 집짓기 연합회와 함께 광진구 중곡동의 장애인 거주시설과 서대문구 홍제동 개미 마을에서 '사랑의 집 고치기' 활동을 수행하였으며, 매주 직원들이 영등포에 있는 독거노인 거주지를 찾아가 주거 시설에 대한 정비 활동을 벌이고 있다. 대림은 이러한 집 고치기 활동을 점차 확대하여 시행할 계획에 있다.

두 번째 사회공헌 활동으로는 '사랑나눔' 활동이 있는데, 사회의 어려운 이웃들을 찾아서 봉사활동을 실천하는 활동을 의미한다. 대림 본사에서 서울 내 8개 보육원과 자매결연을 맺고, 사내 동호회 연합회와 자원봉사자들이 한데 뭉쳐 김장, 시설물 청소, 야외 문화활동과 같은 자원봉사 활동을 수행하고 있다. 또한, 전국 건설현장의 현장근로자들은 '한숲봉사대'를 구성하여 지역사회의 소외된 이웃들에게 꾸준한 봉사활동을 펼치고 있다.

세 번째 사회공헌 활동으로는 전국 각지에서 환경정화 활동을 펼치는 '맑음나눔' 활동이 있다. 구체적으로는 본사 및 전국의 현장 직원들이 '맑음나눔 봉사대'를 창단하여, 전국 10개 권역의 관할 지방자치단체와 연계한 '1산, 1천, 1거리 가꾸기' 활동을 전개해나가고 있다. 2005년부터는 건축·토목·플랜트·관리지원본부의 전 임직원들과 가족들이 함께 남산 가꾸기 환경정화활동을 시행하기도 하였다. 이러한 환경보호 활동을 통해 대림은 2010년 공로를 인정받아 서울시의 표창을 받았다.

네 번째 활동은 '문화나눔' 활동으로 문화활동을 전혀 하지 못하는 청소

〈그림 V-13〉 사랑의 집고치기 행사

〈그림 V-14〉 남산에서 실시한 맑음나눔 활동

년과 어린이들을 대상으로 다양한 문화체험행사를 지원하고 있다. 대림은 1994년 한국메세나협의회에 회원사로 가입해, 서울과 경기지역 보육원 어린이들에게 문화와 예술교육 및 체험활동에 대한 지원을 지속해오고 있다. 또한, 2011년에는 종로구에 거주하는 초등학생 어린이 200명을 대상으로 총 5

〈그림 V-15〉 대림수암장학문화재단 2012학년도 1학기 장학금 수여식

회에 걸쳐 문화예술 사회공헌 프로그램의 일환으로 '해피투게더'를 실시하였다. 여기에서 '해피투게더'란, 대림산업과 종로구청, 대림미술관의 산(産)·관(官)·학(學)이 함께 협력하여 문화에 대한 사회공헌을 펼치는 프로그램을 의미한다. 대림의 임직원들은 자원봉사에 참여하고, 종로구청에서는 지역 어린이들 모집에 힘쓰며, 마지막으로 대림미술관은 장소 및 문화 교육프로그램을 제공하여 어린이들에게 문화에 대해 체험할 수 있는 장을 마련해주고 있다.

마지막 대림의 사회공헌 활동으로는 '소망나눔' 활동이 있다. 이는 장애인과 사회적 약자들에게는 필요한 물품과 성금을 기부하고, 장학재단을 통해서 대학생과 교수들의 연구를 지원해주고 있다. 2004년부터 사내의 중고 PC를 자활후견기관에 지속적으로 기증하여, 국내 장애인과 자활근로자들이 사용하고, 일부는 해외의 저개발국에 보내져 정보화 교육을 지원하기 위해 쓰이고 있다. 더불어 창립 50주년을 맞아 대림은 1989년에 비영리 공익재단인 '수암장학문화재단'을 설립하였는데, 어려운 형편의 대학생들에게는 장학금을 후원해주고 여러 학술단체의 연구활동 등을 지원하고 있다.

이러한 여러 가지 사회공헌 활동들을 통해 대림은 사회와의 공생을 통한 기업의 발전을 도모할 수 있을 뿐만 아니라, 창업 초기에 사회에 공헌하겠다는 의지를 지속적으로 이어나갈 수 있는 계기를 마련하고 있다. 또한, 여러 사회공헌 활동은 대림에 대한 이미지를 긍정적으로 개선할 수 있으며, 더불어 기업광고로도 얻을 수 없는 홍보 효과까지 기대할 수 있을 것이다.

4) 안전관리

대림은 건설업을 주력사업으로 진행하면서 안전관리에도 특별히 신경을 써오고 있다. 현장에서 근무하는 직원뿐만 아니라, 서비스를 제공받는 소비자들의 안전을 위해서 대림은 여러 가지 안전 관련 프로그램을 마련해두고 있다. 대림은 '안전은 선택이 아니라 필수'라고 판단하여, 최고경영진과 전 임직원이 매월 '안전환경 점검의 날' 행사를 마련하여 안전활동에 모두가 참여하고, '본부장회의'와 '전체 임원회의'에서 안전관리를 가장 첫 번째 안건으로 다루는 등과 같은 안전경영을 시행해오고 있다. 또한, 매년 최근 5년간의 대림과 다른 건설업의 재해사례들을 분석하여 집중관리방침을 수립하고 있는데, 2011년에는 'Zero Accident!! We can do it.'이라는 무재해 슬로건을 내걸고, '위험성평가시스템(SORA: Safety Operation Module & Risk Assessment) 및 지적활동 내실화로 안전성을 강화, 신규근로자 안전성 제고, 고위험 작업 안전성 확보'라는 3대 집중관리방침을 수립하였다. 이 집중관리방침이 현장에 잘 적용되는지는 상시 모니터링을 통해 파악하고 있다.

〈그림 V-16〉 집중관리방침 수립

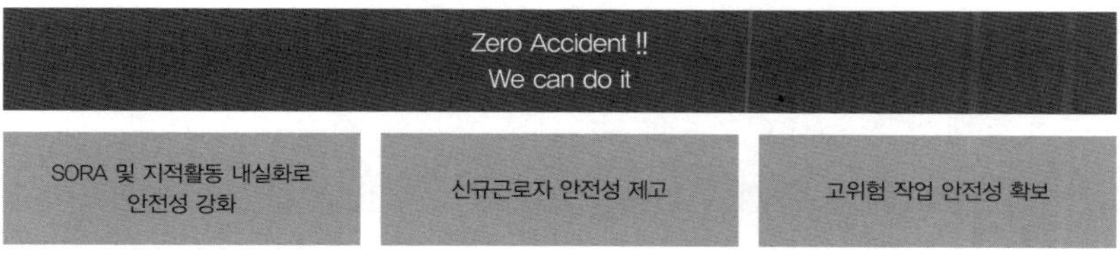

SORA: Safety Operation Moduale & Risk Assessment(위험성평가시스템)

〈그림 V-17〉 2012년 안전보건활동 우수사례 발표대회 건설업 대기업 부문 최우수상 수상

더불어 대림은 안전모니터링 시스템을 운영하고 있는데, 안전활동 상태에 대한 결과와 과정평가를 동시에 하고 있다. 안전모니터링 시스템은 본사에서 월별로 협력업체와 현장에서의 안전활동 상태를 동시에 파악하고 있으며, 관리감독자와 협력업체의 안전활동에 대한 참여의식을 고취하고 자율적으로 안전관리 체계를 구축할 수 있도록 하는 안전 예방 활동 등을 함께 전개해나가고 있다. 이를 위해 협력업체에서는 일일 출역인원 현황과 추락·감전·기타 위험작업 내용을 안전모니터링 시스템에 입력하며, 현장에서는 재해위험요인을 사전에 제거하는 예방활동인 지적활동과 이에 대한 개선 및 조치결과에 대해서 보고하고 있다.

만약 예방활동과 개선활동을 소홀히 하여 위반율이 높은 협력업체에 대해서는 벌점을 부여하여 적극적인 안전 예방활동 참여를 독려하고 있다. 반대로 무재해 달성, 우수사례 발표회, 안전교육과 같은 사전 예방활동을 많이 한 협력업체에 대해서는 가점을 부여하는 것과 같은 '안전 포인트 제도'를 운영하고 있다. 이 제도는 징계 위주의 안전관리보다는 안전관리 활동과정에 대

〈그림 V-18〉 2011년 대림의 안전교육 현황

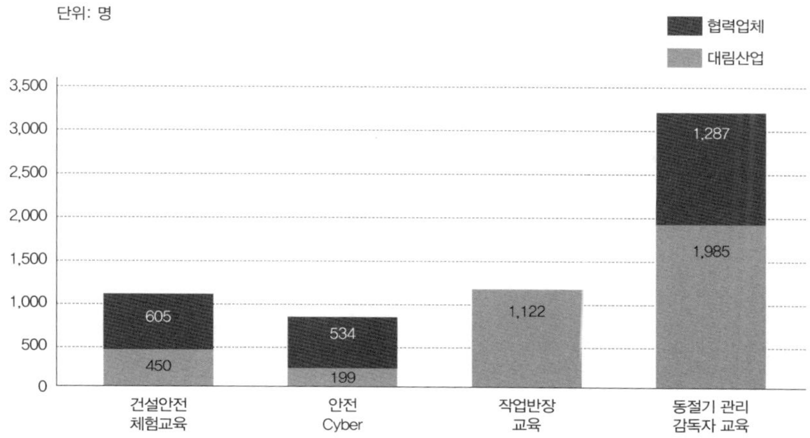

한 평가를 중점으로 하여, 자발적인 안전 예방활동을 참여하도록 하고 동시에, 재해예방을 통한 협력업체와의 상생협력 효과까지 기대하고 있다.

대림은 2005년 자체적으로 '위험성평가시스템'을 개발하여 운용 중이며, 소단위의 작업 단위별 위험요인에 대해서 사전에 위험도를 예측하고 위험관리 개선계획을 수립하여 관리하고 있다. SORA는 매주 작업 전에 작업환경, 방법, 순서, 투입되는 인원, 장비, 다른 작업과의 간섭사항 등 세부적인 사항까지 모두 분석하여 위험요인을 도출하고 사전에 예방하는 활동이다. 대림에서는 SORA 경진대회도 함께 실시하여 위험관리 우수 사례를 찾아 전사적으로 공유하고 있으며, 이를 통해 안전관리에 대한 수준과 협력업체의 자율적인 안전관리 능력을 함께 증진시켜 나가고 있다. 그리고 대림은 국제표준을 준수하여 안전관리를 시행하고 있는데, 2009년 국제 안전보건경영시스템인 OHSAS(Occupational Health & Safety Management System) 18001 인증을 취득하여 안전경영의 수준을 한 차원 높이는 데 큰 공헌을 하였다. 또한, P(실행계획 수립)에서 D(실행), C(점검 및 시정조치), 마지막 A(검토)에 이르는 과정에 따른 안전관리 바탕으로 각 사업장에서 발생 가능한 안전보건위험성에 대해서 사전

〈그림 V-19〉 대림산업과 건설업 평균 5년간 재해율 현황

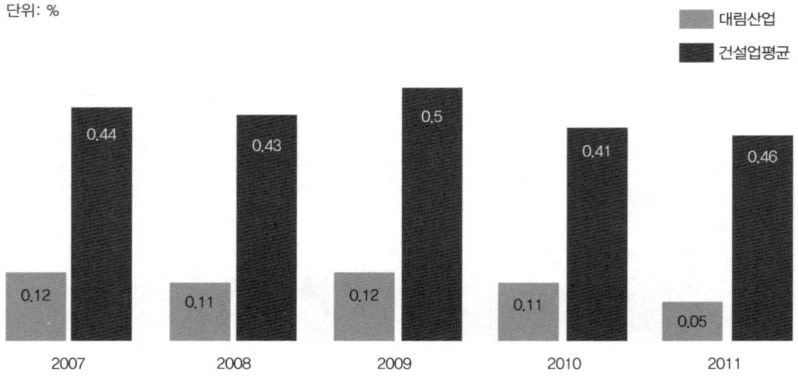

에 예방하고 이해관계자의 안전보건에 더욱 힘쓰고 있다.

이러한 안전 시스템에 더하여 대림은 지속적인 안전교육을 통하여 전 직원의 안전활동에 대한 의식을 제고시키고 있다. 현장소장, 총무, 협력업체 작업반장에 이르는 전 임직원들을 계층별로 나눠 안전교육을 시행하고 있다. 직원들 자신의 직무와 직급에 맞는 교육을 통해 안전관리에 대한 기초지식과 자신의 역할이 무엇인지를 명확히 인식하여 현장 안전관리 의식을 함양시키고 안전관리가 제대로 이뤄지도록 교육하고 있다. 특히, 안전관리자에 대해서는 1년에 2회의 직무교육과 1년에 4회의 워크숍을 실시하여, 좀 더 강력한 안전교육을 하고 있다. 이를 통해 안전관리자들이 안전관리 향상을 위한 방안을 도출하게 하여 현장에 곧바로 적용할 수 있도록 하고 있다. 안전교육뿐만 아니라 현장 근로자가 스스로 작업장 내의 위험요소를 찾아내 개선방안을 제안하는 '근로자 제안제도'를 마련하여 실시하고 있다. 이는 근로자의 자발적인 안전활동 참여를 유도하고 자율 안전 분위기를 조성하는 것을 목표로 시행되고 있다. 근로자가 제안한 사항과 이에 관한 조치결과는 안전관리시스템에 기록되어 내용을 함께 공유할 수 있으며, 각 현장에서 유사 위험요인에 대해서 사전에 점검해볼 수 있는 자료로도 활용되고 있다.

위와 같은 안전관리 활동으로 인한 대림의 성과는 매우 뚜렷하게 나타나

고 있다. 최근 5년간 대림의 재해율은 여타의 건설업 평균 재해율과 비교하여 뚜렷이 낮은 경향을 나타내고 있으며, 2011년에는 재해율 0.05%를 달성하는 매우 낮은 재해율 수준을 보여주었다(그림 V-19). 이러한 성과는 대림이 운영하고 있는 안전보건경영시스템, 위험성평가시스템(SORA), 지적 활동의 결과로 볼 수 있으며, 앞으로도 무재해를 달성하기 위한 대림의 사전예방활동은 계속될 것이다.

2 대림의 신성장동력

대림은 100년, 200년 기업으로 나아가기 위해서 "마케팅 중심의 경쟁우위 창출"이란 경영 전략뿐만 아니라 다른 세부적인 전략들도 함께 추진해나가고 있다. 먼저 대림이 주력하고 있는 신성장동력으로는 에너지 발전 사업의 육성이 있다. 대림산업은 플랜트 분야에서 석유화학, 가스플랜트로 진출했으며, 최근에는 에너지 발전소로 사업영역을 넓히고 있다. 2011년 대림은 필리핀에서 총 발전량이 200MW 규모가 되는 필리핀 SM 200 석탄화력발전소와 발전량 1,200MW급 복합화력발전소인 사우디 쇼아이바 II 복합화력발전소, 그리고 2012년에 베트남의 타이 빈 2단계 석탄화력발전소 건설공사를 진행하는 등 해외 발전플랜트 시장에서 규모가 큰 플랜트 수주를 잇달아 벌이고 있다.

이러한 발전소 수주의 결과는 지난 수십 년간 부산복합화력, 광양복합화력, 사우디 가즐란 화력발전소, 이집트 다미에타 복합화력발전소와 같은 국내·외의 여러 발전소 사업을 추진하면서 국내 최고 수준의 EPC(Engineering, Procurement, Construction, 설계, 기자재 조달, 시공을 종합적으로 수행) 사업 역량을 쌓은 덕분이다. 실제로 사우디 쇼아이바 II 복합화력발전소는 대림이 단독으로 발전소의 기본설계와 상세설계, 공사, 시험 운전에 이르는 모든 EPC 사업을 추진하는데, 이는 대림의 발전소 플랜트 기술을 세계적으로 인정받았다는 말

〈그림 V-20〉 현대 오일뱅크 고도화 시설 준공

과도 일맥상통한다.

그리고 대림은 발전소 수주뿐만 아니라, 에너지 발전 시장에 대한 요구에 적극 대응하고자 2011년에 에너지 발전 플랜트와 환경, 산업 설비 시장 진출을 전적으로 담당하는 P&I(Power & Industry) 부문을 설립하였다. 이 사업부문에서는 기존의 대림이 주력하고자 했던 발전소 건설과 가스 설비, 집단 에너지 설비, 산업과 환경 설비에 대한 사업을 담당하며, 더불어 신재생 에너지 분야에 대한 업무도 함께 추진하고 있다.

두 번째, 대림산업은 뛰어난 플랜트 기술로 해외플랜트 시장의 강자로 위치를 지키겠다는 세부 전략도 내세우고 있다. 대림산업은 플랜트분야에서만큼은 사우디아라비아 시장에서 전통적으로 강자이다. 사우디아라비아는 세계 최대의 플랜트 발주시장임과 동시에, 제일 엄격하고 까다로운 플랜트 공정관리와 공사 자격요건을 수주회사에 요구한다. 따라서 사우디아라비아의 플랜트 시장에서 많은 수주를 보유한 회사야말로 세계적인 플랜트 건설 기술을 보유하는 것이라 할 수 있다. 대림은 2011년 10월 29일 사우디 전력

〈그림 V-21〉 순수 국산기술로 건설한 최초의 현수교인 이순신대교

청이 발주한 12억 2,000만 달러 규모의 사우디 쇼아이바 II 복합화력발전소를 수주하고, 2012년에는 7억 1,000만 달러 규모의 사우디 합성고무 플랜트 건설공사를 맡으며, 사우디에서의 누적 수주액이 150억 달러를 달성하기에 이르렀다. 특히, 2011년에 대림산업은 사다라 케미컬사(Sadara Chemical 社, ARAMCO & DOW Chemical의 50:50 합작법인)가 발주한 세계 최대 규모를 자랑하는 석유화학 생산 콤플렉스를 사우디 주베일 공단에 조성하는 사업인 RTIP MFC & Chemical II 프로젝트를 수주하면서 대림의 플랜트사업 수행능력이 세계적인 수준에 도달했음을 인정받았다.

대림은 2011년 중동과 동남아시아에서만 1조 원 이상의 초대형 정유 플랜트와 발전 플랜트를 수주하였으며, 약 6조 원 규모의 해외 신규 수주도 달성하였다. 이러한 플랜트 발주사업의 호황기에 힘입어, 대림은 2012년 플랜트와 토목 분야에 대한 수주를 집중한다는 전략을 수립하고, 8조 1,000억 원의 해외 수주 목표를 설정하여 달성하고자 계획 하에 있다. 특히, 주요 해외 사업지인 사우디아라비아와 쿠웨이트에 대한 수주역량도 지속적으로 강화하면서도, 시장환경 분석을 통해 베트남, 인도네시아, 필리핀과 같은 동남아 혹

〈그림 V-22〉 전국에 시공된 대림의 교량시설들

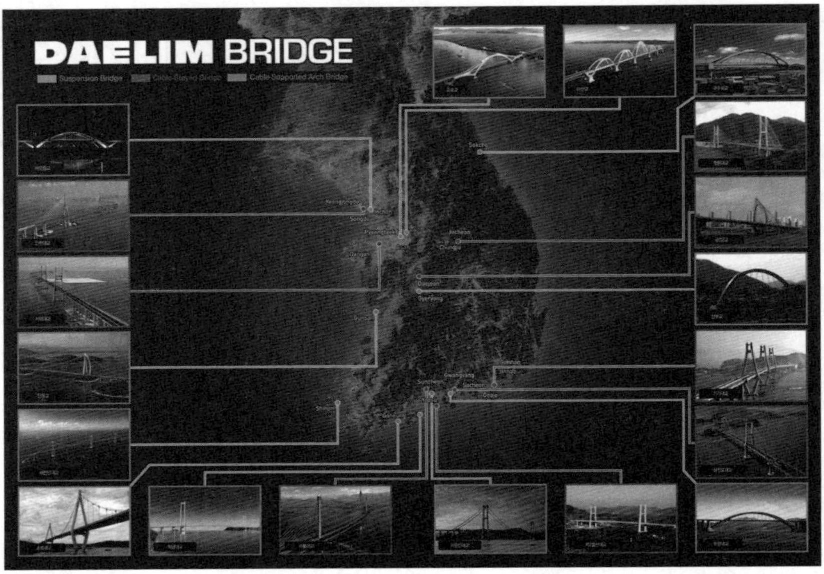

은 중남미 지역의 새로운 신규 사업지로의 진출도 모색하고 있다.

세 번째, 대림은 강점 사업분야 중 하나인 해상 특수 교량 공사를 해외시장에서 수주함으로써 새로운 경쟁우위 창출을 꾀하고자 계획 중이다. 이미 대림은 국내 해상 특수 교량 공사 실적에서 부동의 1위를 달성하고 있다. 국내 최초로 2003년 삼천포대교를 순수하게 국내 기술만으로 설계·시공하여 성공적으로 준공한 경험이 있고, 국내 최초의 곡선 사장교인 세풍대교, 국내 최초 강사장교인 돌산대교, 그리고 국내 최초이자 세계에서 가장 긴 1주탑 현수교인 고군산 군도 연결 현수교를 차례로 수주하면서 해상특수교량 기술력의 수준을 어김 없이 드러내었다. 2012년에는 국내 최대 규모이자 세계 4위 현수교인 이순신대교(경간장 1,545m)를 성공적으로 준공하였는데, 이는 순수 국산기술로 시공된 최초의 현수교로 대한민국이 세계에서 여섯 번째로 현수교 기술에서 완전 자립국이 되었음을 선언하는 매우 의미 있는 프로젝트로 평가받고 있다.

해상 특수 교량 시장은 건설산업의 새로운 수익창출지로 떠오르고 있으며, 우리나라에서도 섬이 많은 남해와 서해지역을 중심으로 10년간 10조 원이 넘는 해상 특수 교량 시장이 형성될 것으로 예상하고 있다. 특히, 해외의 경우에 1980년대까지는 일본, 유럽, 북미 등 선진국에서 해상 특수 교량 사업을 대부분 발주하였으며, 2000년대에는 중국이 세계 최대의 해상 특수 교량 시장으로 주목받고 있다. 최근에는 섬과 나라를 이어 이동과 물류 운송을 효율적으로 하기 위해 동남아시아 등과 같은 개발도상국에서도 해상 특수 교량 발주가 끊임없이 이어지고 있다. 따라서 이에 대한 시장 요구에 맞춰 대림은 독자적인 기술력과 국내에서의 풍부한 경험을 바탕으로 미국과 일본, 유럽 건설사가 주도하고 있는 해상 특수 교량 시장에 적극 뛰어들 계획이다.

참고문헌

고현철·진현·서의정·서형택, 2012, 「경력사원의 성공적 정착을 위한 제언」, 삼성경제연구소 CEO informantion, 867호.

김종섭·김정호·김종규·김진환·박창언·박희태·안광호·오기종·유태광·정희찬, 2010, 『건설인사관리의 개선과 혁신』, 건설업체인사관리자협의회, 한국건설산업연구원.

김성수, 2008, 「전략적 인적자원관리가 기업 성과에 미치는 영향」, 『노사관계연구』 18: 187-213.

대림산업(주), 1999, 『대림 60년사』.

배종석, 2006, 『사람기반 경쟁우위를 위한 인적자원론』, 홍문사,

BSC연구회, 2006, 『한국형 BSC 실천사례 11』, 삼성경제연구소.

Barney, J. 1986. Organizational Culture: Can It Be a Source of Sustained Competitive Advantage? *The Academy of Management Review*, 11(3): 656–665.

Robbins, S. P. 2001. *Organizational behavior*, NJ: Prentice-Hall.

Kram, K. E. 1983. Phases of the metor relationship. *Academy of Management Journal*, 26(4): 608–625.

대림산업 홈페이지, http://www.daelim.co.kr

대림산업 지속가능경영보고서(2009, 2011).

파이낸셜 뉴스, 2012년 7월 22일, "대림산업 신입사원 한숲대행진" 《http://www.fnnews.com/view?ra=Sent0501m_View&corp=fnnews&arcid=201207200100187070011652&cDateYear=2012&cDateMonth=07&cDateDay=22》. (2012. 8. 7)

찾아보기

Abstract

Organizational Culture and Human Resource System of Daelim

Seongsu Kim

Daelim has long been a very important player in the Korean construction industry and it is expanding its businesses into other sectors. In the process, Daelim relies heavily on its people because it has been developing its employees to be capable human asset. Not surprisingly, Daelim is known for its adherence to management principles such as investing in and developing its human resources.

All these changes meant that Daelim had to reevaluate its business strategies and realign its management system in order to better compete in the marketplace. One of the key characteristics of Daelim is its firm-wide emphasis on innovation. Faced with slow growth prospects and ever increasing competition in the industry, the company launched a series of programs aimed at changing the attitude and behavior of employees so that they become agents of innovation in the company. This book details the process through which Daelim engaged employees to change their attitude and behavior.

This book also explains innovations that have sprung out of the new initiatives at the company. After reading this book, readers will be able to understand the dynamics and details of the innovation process at Daelim. This book was written as part of the curriculum for the MBA students at the Graduate School of Business at Seoul National University. However, anyone interested in corporate innovation will find this book interesting and informative.

:: 발간사

서울대학교 경영연구소의 '한국기업경영사 연구사업'은 한국기업경영에 대한 역사적 연구를 통하여 우리나라 기업경영의 역사와 변천과정, 그리고 이의 성과를 평가하고 미래발전에 대한 시사점을 제시하는 것을 기본 목적으로 시행되었으며, 그 연구의 결과로 본 총서 시리즈를 발간하게 되었습니다.

한국기업의 성장 발전은 과거 30~40년 사이에 매우 빠르게 이루어져 한국경제 성장을 견인하여 왔으나, 한국기업의 발전과정에 대한 체계적인 연구는 이루어지지 않은 것이 오늘의 현실입니다. 역사를 모르고선 우리나라 기업경영의 미래와 발전을 바랄 수 없습니다. 본 총서는 우리 기업의 발전과정에 대한 체계적인 연구를 통하여 선진외국으로부터 1950년대 후반부터 도입된 경영학과 경영기법들이 한국적 토양에 어떻게 정착되었는지를 고찰하고, 향후 지속적인 발전을 위한 학문적 연구방법 및 한국기업경영의 방향을 모색하였습니다.

본 연구를 토대로 서울대학교 경영연구소는 명실상부 한국기업경영사연구의 중추적 역할을 수행하며, 대학과 연구소의 국제적 경쟁력과 위상을 높일 수 있을 것으로 사료됩니다.

본 연구는 2004년 3월부터 42명의 서울대학교 경영대학 교수와 외부기관의 박사급 이상의 연구원이 공동으로 연구를 하였고, 주제는 산업별 역사, 기업경영사, 기업정책의 변천사 등을 총망라하였습니다.

본 연구총서가 학문적으로 국내외에서 유용한 연구자료로 활용됨은 물론이고, 우리 기업의 성장과정을 직접 체험한 기성세대에게 있어서 기업의 성장 발전과정에 관한 지식을 체계적으로 전달하고, 차세대 젊은이들에게도 유용한 정보를 제공하여 미래 한국기업경영의 방향을 모색하는 데 유익한 자료가 되길 바랍니다.

끝으로 밤을 밝히며 연구에 매진하여 훌륭한 연구실적을 내기까지 노력과 수고를 아끼지 않은 저자 여러분과, 본 연구를 위하여 기꺼이 연구비를 출연하여 주신 SK그룹, 현대자동차그룹, 삼양사에도 심심한 감사를 드립니다.

2005년 7월

서울대학교 경영대학 학장

서울대학교 경영연구소 소장

:: 저자 약력

김성수

서울대학교 경영학과 졸업

미국 University of Chicago 경영학 석사

미국 University of California, Los Angeles(UCLA) 경영학 박사

1997 – 현재 서울대학교 경영대학 교수(전공분야: 인사조직)

수상

우수강의상. 서울대학교 경영대학. 2012

우수연구상. 서울대학교 경영대학. 2012

대한민국학술원 우수도서 선정, 2011 및 2008

Mercer 최우수논문상(Mercer Award), 2004

한국인사조직학회 국제학술상, 2002

미국 경영학회(Academy of Management) 최우수논문상, 1997

저서 및 논문

「인적자원 아키텍쳐가 조직유효성에 미치는 영향」. 『노사관계연구』 13(2): 123 – 142. 2002.

「성과급 제도의 동향과 전망」. 『경영논집』 37(1): 29 – 44. 2003.

『전략적 인사관리』. 서울대학교출판부. 2006.

『한국기업 성과급제도의 변천』(공저). 서울대학교출판부. 2007.

「경영시스템의 변화와 혁신: Transformations of SK」. 『서울대학교 경영연구소 사례시리즈 2』. 우듬지. 2008.

『사원 만족도 관리 전략: 예스코의 변화관리』. 서울대학교출판부. 2009.

『한국 제약기업의 변화와 도전: 한올제약의 전략적 선택』. 서울대학교출판부. 2009.

『네오위즈의 인사관리』. 서울대학교출판문화원. 2010.

『한국기업의 성과주의 인사시스템 변천』, 서울대학교출판문화원. 2010.

『다음커뮤니케이션의 전략적 인사관리』. 서울대학교출판문화원. 2011.

『현대카드 현대캐피탈의 변화와 혁신』. 서울대학교출판문화원. 2011.

『기업의 인재관리 전략: 하나금융그룹의 사례를 중심으로』. 서울대학교출판문화원. 2012.

『양손잡이 조직 웅진씽크빅의 혁신』. 서울대학교출판문화원. 2012.

서울대학교 경영연구소 기업경영사 연구총서

01 **한국기업 배당정책의 변화** | 최도성 · 김성민

02 **한국기업의 서비스 품질 평가제도 변천과정** | 이유재 · 라선아

03 **한국 브랜드의 진화 및 발전** | 김재일

04 **한국 백화점 역사** | 김병도 · 주영혁

05 **한국 인터넷 기업의 변천사: 네트워크 경제의 실험과 형성** | 안중호 · 양희동 · 오상조 · 김은진

06 **우리나라의 기업공시제도: 공정한 거래와 투명한 정보제공** | 윤계섭 · 허희영

07 **한국 PC산업의 발전과정** | 김상훈 · 오정석

08 **한국기업 해외직접투자 전략의 변천** | 이동기 · 박남규 · 조영곤 · 김동희

09 **한국기업의 ERP 도입과 운영의 변천사** | 안상형 · 이창희 · 최강화

10 **한국 팀제의 역사, 현황과 발전방향** | 박원우

11 **기업세무전략에 대한 실증** | 정운오 · 박종일 · 박찬웅

12 **한국기업의 특허전략 변화** | 송재용 · 신현한

13 **한국기업 성과급제도의 변천** | 김성수 · 박찬희 · 김태호

14 **한국 온라인게임산업의 발전과정과 향후 과제** | 노상규 · 위정현

15 **한국 이동통신 서비스 및 단말기 산업의 변천과 발전방향** | 박철순 · 김성훈

16 **우리나라의 회계감리제도** | 이창우 · 유재규 · 고종권

서울대학교 경영연구소 기업경영사 연구총서

17 **개성상인의 현대경영학적 재조명** | 주우진

18 **한국 기업의 임금관리** | 최종태 · 박준성 · 이준우

19 **한국 장수기업의 성공사례: 삼양사 기업경영사 연구** | 신유근

20 **한국 전자산업의 마케팅 발전 과정** | 임종원 · 이한석 · 송상연

21 **한국 기업의 인사평가 변천사** | 박오수 · 김기태 · 전병준

22 **한국 자동차산업의 제품혁신 역사와 애프터마켓** | 김수욱

23 **한국 기업의 경영 정보 시스템 변천사** | 장정주 · 권순동

24 **한국 제약기업의 변화와 도전: 한올제약의 전략적 선택** | 김성수

25 **사원 만족도 관리 전략: 예스코의 변화관리** | 김성수

26 **한국기업의 경영사례** | 김수욱 · 이동기 · 조재호 · 김태웅 · 박재석 · 박지영 · 왕수봉 · 윤선흠 · 조정은

27 **네오위즈의 인사관리** | 김성수

28 **한국기업의 성과주의 인사시스템 변천** | 김성수

29 **다음커뮤니케이션의 전략적 인사관리** | 김성수

30 **현대카드 현대캐피탈의 변화와 혁신** | 김성수

31 **기업의 인재관리 전략: 하나금융그룹의 사례를 중심으로** | 김성수

32 **양손잡이 조직 웅진씽크빅의 혁신** | 김성수

33 **한국 조선산업의 성공요인** | 이경묵 · 박승엽